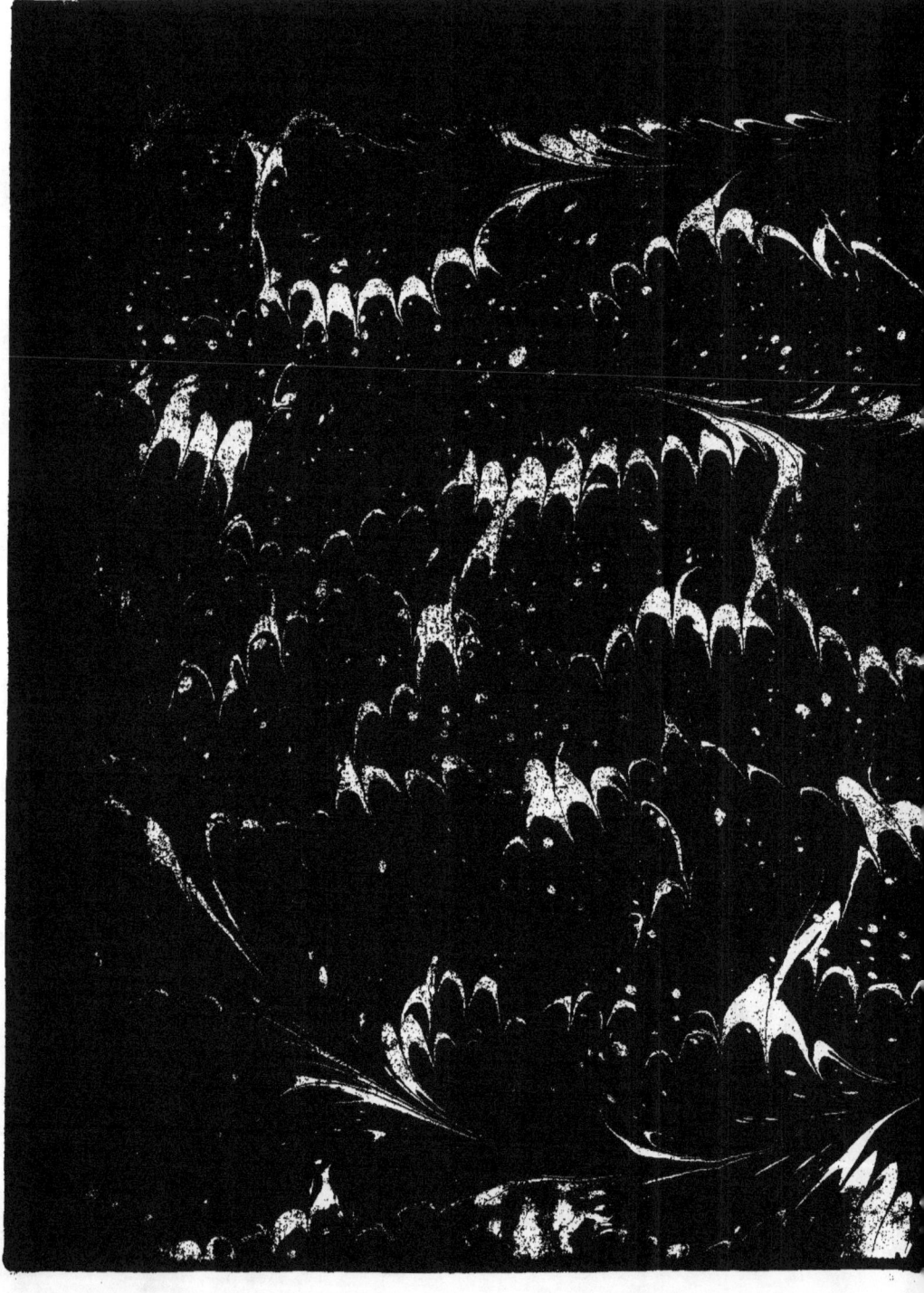

S. et Arts 1827.
SA
5388

Il faut remarquer dans la partie du Regne animal le squelette d'un Crocodille entier trouvé dans le Duché de Wirtemberg. La tête d'un Elephant et la Corne d'un hyppopotame petrifiées, et tirées de la terre en Siberie.

La Collection d'animaux en squelettes ou desechés est immense et précieuse, on y voit une dent d'Elephant du poids de 125 ℔.

On trouve aussi icy une collection de pierres de foudre et d'Effets singuliers du Tonnerre.

La description de l'ancien Cabinet de Dresde annonçoit un phoenix parmi les oyseaux qu'on y conserve; Cet oyseau a été reconnu pour un faisan de la Chine, et y est encore.

L'Elster petite riviere de Saxe produit des perles même très belles, on en trouve icy une grande collection.

Les Coraux, madrepores et Litofites y forment aussi une Suite nombreuse et precieuse.

La Collection des ambres est le sujet d'un Vol. publié à part par M. Sendel.

Enfin ce qu'on trouve de très particulier dans ce Cabinet, c'est un modele du temple de Salomon fait avec un soin, des recherches et un travail extrême par un Senateur d'hambourg nommé M. Schott. Il estimoit cet ouvrage 50 mille ecus. Le feu Roy de Pologne l'eut pourtant à bon marché, mais c'est en effet un très beau et très precieux ouvrage, le Czar Pierre ne cessoit de l'admirer, on y compte 6736. Colonnes sculptées avec un soin infini.

J'ay eu occasion plusieurs fois depuis quelques années de voir ce cabinet que les malheurs ont un peu négligé, mais au fond l'un des plus beaux cabinets d'histoire naturelle du monde. Il y a très longtems qu'il a commencé à être formé comme on peut le voir par le S.r. precedent. mais il a été considerablement augmenté sous le feu Roy auguste S.d de Pologne. M. Heucher 1.r Medecin du ce Roy acheta à Dautzic une quantité considerable de Curiosités qui agrandirent ce cabinet au point qu'il fallut prendre pour le loger les Casernes du Regiment des Gardes dont on a fait les Galeries du Zwinger dont le plan est à la tête de cet Ouvrage cy.

Il faut remarquer entre les differentes parties de ce Cabinet 1.° celle des Mineraux où l'on trouve des morceaux très remarquables entr'autres une mine de Transylvanie melée d'or de differentes couleurs.

L'Or Vegetal. on y en trouve icy deux pieces de Vignes entourées de filons d'or. Ils ont été, dit-on, germés en hongrie.

On trouve aussy dans ce Cabinet de l'or Alchymiq. fait par de pretendus differents Adeptes entr'autres un Lingot d'Argent qu'un certain Baron de Boëtger transmua de cuivre en argent en presence du Roy auguste S.d. Les Terres Sigillées qui sont dans ce Cabinet forment un Volume à part publié par M. Ludewig.

Ce Cabinet contient le plus beau Recueil d'Amiante et d'Asbeste et d'ouvrages de ces matieres, qu'il y ait au monde.

Le Recueil de bois petrifiés y est superbe. On y trouve entr'autres un arbre dont le tronc, les branches et les racines sont entierement petrifiés; Il n'est dans ce Cabinet que depuis 1752.

E. S. V. P.

DESCRIPTION
DU CABINET ROIAL
DE DRESDE
TOUCHANT
L'HISTOIRE NATURELLE.

Avec Privilége de Sa Majesté.

A DRESDE et A LEIPSIC
CHES GEORGE CONRAD WALTHER,
LIBRAIRE DU ROI. 1755.

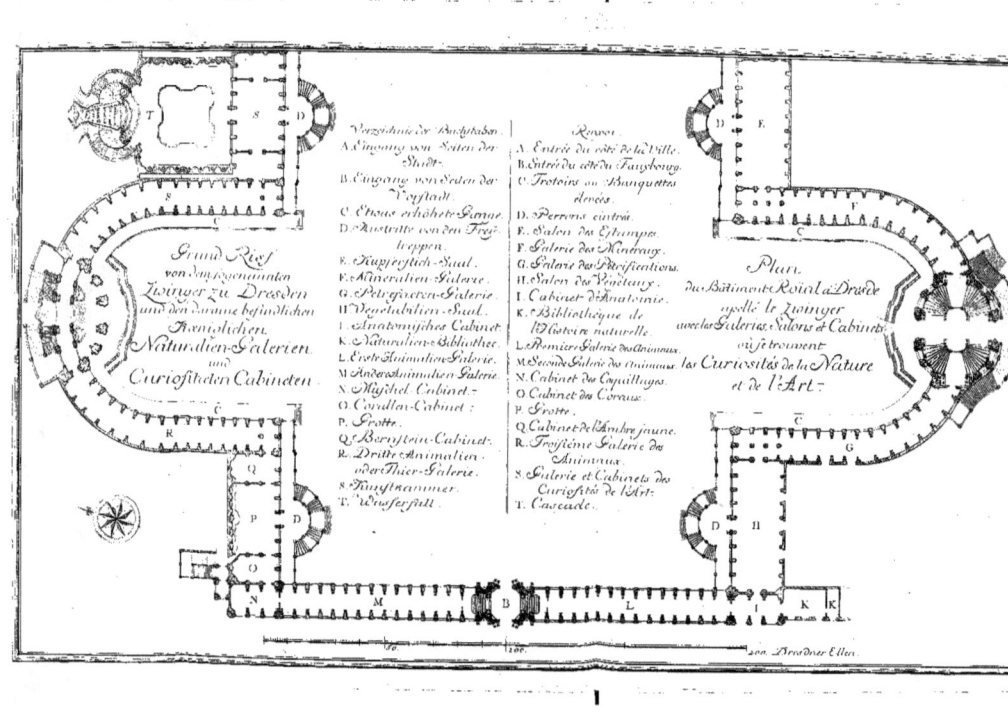

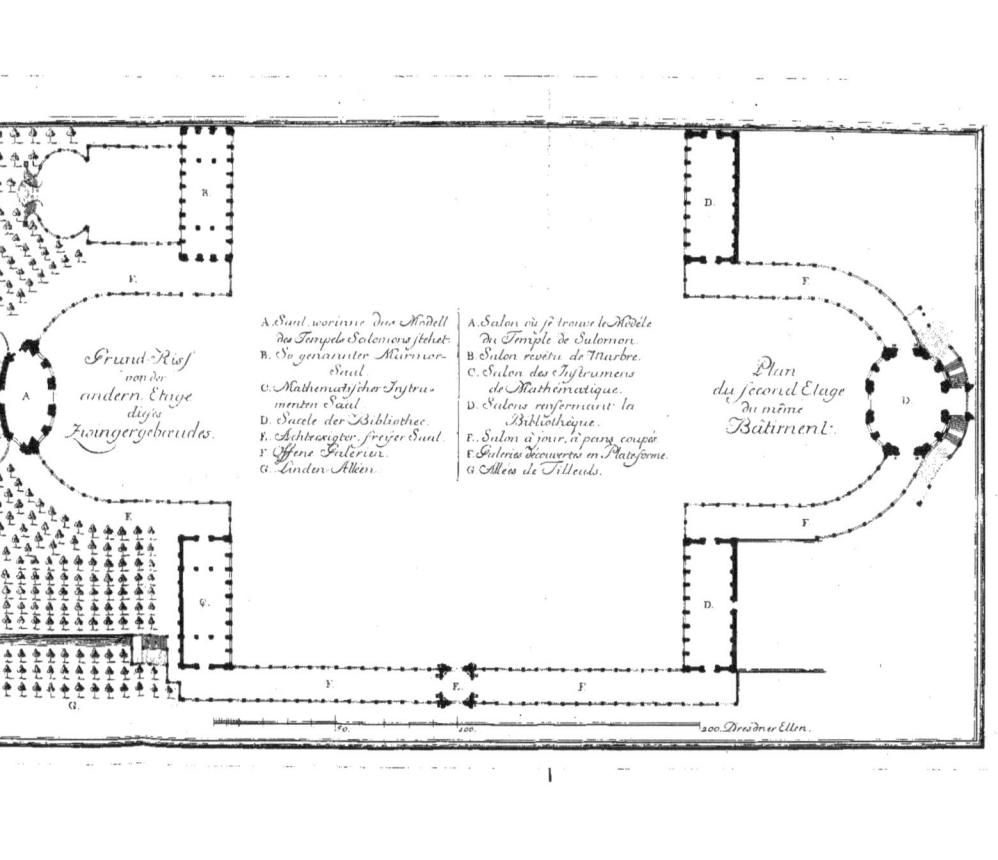

Dessiné et gravé par M. Keyl.

Tous les Naturalistes & la plupart des Etrangers, qui ont vu les curiosités de Dresde, se sont unis depuis long tems à souhaiter, qu'il pût se trouver quelques mémoires sur LE CABINET D'HISTOIRE NATURELLE DU ROI. Leurs desirs ont paru trop justes : & le Directeur en chef de ce riche depot, S. E. LE PREMIER MINISTRE COMTE DE BRUHL s'est preté avec plaisir à les satisfaire, en nous chargeant du soin de métre au jour la-présente esquisse.

Empressés de remplir à tous égards la sagesse de ces vües, nous nous sommes énoncés en Allemand, par une espéce d'atachement pour notre patrie : & nous avons eu l'atention de publier en méme tems une traduction Françoise de notre ouvrage, pour nous rendre intelligibles à ceux qui ignorent la langue de l'original.

L'on croit avoir lieu de se flater, qu'à l'avenir les amateurs de l'Histoire Naturelle parcourront ce Cabinet avec d'autant plus d'utilité, qu'ils auront l'avantage de pouvoir se préparer au spectacle qu'il leur présente, & qu'à l'aide de ce petit ouvrage, il leur sera facile de se rapeller les objets les plus intéressants.

DISCOURS PRELIMINAIRE.

Il y avoit d'ailleurs une sorte de nécessité à métre sous les yeux des Curieux UN TABLEAU GÉNÉRAL DE L'ETAT ET DE L'ARANGEMENT DU CABINET de SA MAJESTÉ, depuis que l'on a commencé d'en publier des déscriptions particuliéres. Telle est l'ouvrage qu'on a donné sur la précieuse collection d'Ambre jaune: telle est encore le vaste commentaire du celébre Mr. *Ludwig*, sur les diferentes Terres qui se trouvent dans la Galerie de Minéraux ([1]).

Nous n'ignorons pas, que feu Mr. *Keysler* a répandu dans la *seconde partie* de ses *Voïages*, plusieurs remarques relatives à notre Cabinet; mais elles sont trés imparfaites, & souvent destituées de tout fondement. Et le mémoire inséré dans le *grand Dictionaire universel de Leipsic* sur la Galerie de Minéraux, est presqu' absolument détruit, par les changements essentiels qu'on a faits dans toutes les classes.

La déscription que nous donnons au public, sera d'autant plus exacte que les précédentes, que l'auteur, à qui la garde de tant de trésors de la Nature est confiée, s'est vu à portée de métre dans ses traits plus de vérité & plus de justesse.

Cet amas immense de Curiosités Naturelles est deposé dans les fameuses Galeries du *Zwinger*, dont le feu premier Architecte du ROI, le Sr. *Poeppelmann* nous a donné le plan & les vües ([2]).

L'on

([1]) L'un & l'autre ouvrage est imprimé a Leipsic: le premier sous le titre de *Historia Succinorum corpora aliena involventium & naturae opere pictorum & caelatorum ex Regiis Augustorum cimeliis, Dresdae conditis, aeri insculptorum*, conscripta a NATHANAELE SENDELIO, D. Medico Regio & Physico Elbingensi ordinario. Le second sous celui de *Terrae Musaei Regii Dresdensis*. Digessit, descripsit, illustravit D. CHRISTIANUS GOTTLIEB LUDWIG.

([2]) Sous le titre: *L'orangerie ROIALE de Dresde avec ses pavillons & embellissements*. Bâtie en 1711. par &c. Format d'Atlas avec 24. planches.

DISCOURS PRELIMINAIRE.

L'on y trouve auſſi *la Bibliothéque du* ROI, *le Cabinet de Curioſités Artificielles, & une Collection d'Inſtruments de Mathématique & de Phyſique expérimentale.* Nous avons eu ſoin, de faire graver les plans de la diſtribution intérieure de ce ſuperbe édifice, & d'en repréſenter deux vûes diferentes dans les vignettes qui ſont placées à la téte de cet ouvrage.

Il ſeroit ſuperflu & méme contraire à notre but, de nous aréter à la déſcription de l'extérieur de nos Galeries. Nous nous bornons à une ſeule remarque, que le rès de chauſſée en fut d'abord deſtiné à ſervir d'Orangerie.

Mais le ROI AUGUSTE II. de glorieuſe mémoire, à qui Dresde doit ce monument de magnificence, aſſigna bientot un autre emplacement à ces belles tiges, qui feroient envie aux climats les plus temperés: & dés l'année 1728. l'ordre fut donné de transporter au *Zwinger* le Cabinet d'Hiſtoire Naturelle, & les autres recueils que nous avons indiqués.

La ſeule collection de Curioſités Artificielles, qui en fait partie aujourd'hui, n'y trouva pas alors de place; juſqu'en 1733. qu'on lui fit ocuper celle du Cabinet d'Anatomie, que le ROI venoit de donner à l'Univerſité de Wittenberg.

C'eſt la ville de Danzic qui a ſervi, pour ainſi dire, de berceau au Cabinet d'Hiſtoire Naturelle. AUGUSTE LE GRAND y fit acquérir, par SON premier Medecin, le Conſeiller *de Heucher*, quantité d'Antiques, de Tableaux, & particuliérement de Curioſités de la Nature, dont IL lui commit en méme tems le ſoin & l'arangement. Un ample recueil d'Eſtampes, qui ſe diſtinguoit dans ces premiers achats, étant depoſé aujourd'hui dans nos Galeries; il ſemble que le **Cabinet d'Eſtampes** devoit avant toute choſe atirer notre atention.

A ij   Mais

DISCOURS PRELIMINAIRE.

Mais nous abandonnons cette partie au craïon habile de *fon celébre Infpecteur*, qui en retracera un jour aux amateurs des beaux arts, le brillant, le bel ordre & la vafte étenduë. Nous paffons à la défcription des Curiofités Naturelles.

La juftice & les mouvements d'une reconnoiffance particuliére, exigent de nous de rendre ici une efpéce d'hommage au fouvenir de Mr. de *Heucher*, & de perpétuer la gloire qu'il s'eft acquife, en portant une collection que lui méme avoit ebauchée, à un degré de perfection difficile à concevoir.

Les premiers recueils étoient fi bornés, que n'ofant pas les expofer aux yeux du public, on les plaça tous enfemble dans un falon de la maifon de l'Infpecteur méme.

Mais les acroiffements en furent des plus rapides. Le ROI réunit d'abord à cette collection naiffante la plus grande partie des tréfors de la Nature, que SES ANCETRES avoient acumulés, & qui étoient répandus dans les Cabinets d'Armes & de Curiofités Artificielles. IL l'enrichit enfuite avec tant de fuccés par de nouvelles acquifitions, qu'il falut bientot la transférer dans un apartement plus étendu à l'hotel apellé alors le *Regimentshaufs*. Et le nouvel emplacement ne fufifant pas encore pour contenir tous ces vaftes amas, on les dépofa comme nous l'avons remarqué, dans les Galeries du *Zwinger*.

Ces détails préliminaires ne nous ont point parus étrangers à notre fujet, & nous ramenent enfin dans notre cariére.

Dessiné et gravé par M. Keyl. à Dresde.

La Galerie de Minéraux.

Cette Galerie est la premiére qui s'ofre à nos regards.

Les richesses de ce departement repondent à celles qui se deployent dans les autres classes des productions de la Nature. L'on y trouve une si grande abondance de terres, de pierres & de minéraux, tant de Saxe, que des païs étrangers, qu'il seroit difficile, on ose le dire, de rencontrer ailleurs un ensemble aussi varié & aussi complet.

La longueur de la Galerie est confiderable, & passe cent aunes de Saxe: sa largeur est de treize aunes de la méme mesure.

L'Architecture en est d'un gout aussi noble qu' avantageux. Deux rangs de colonnes distribuées sur les deux cotés de la Galerie, soutiennent dans toute son étendüe une chaine d'ogives, qui frappe la vüe. Nombre de croisées qui s'élevent en porte fenétres jusqu'au niveau de la frise, y repandent outre l'agrément du coup d'oeil, une lumiére éclatante qui fait distinguer jusqu'aux moindres objets, & leurs parties les plus deliées.

Quant à l'arangement de cette piéce, nous remarquons en général que les Minéraux & les Terres de toute espéce ocupent le pourtour du

B mur,

GALERIE DE MINERAUX.

mur, & que les Pierres rempliſſent les embraſures des croiſées. Nous n'ignorons pas que les ſentiments des Naturaliſtes ſont partagés ſur l'ordre, qu'il convient de métre dans les Collections Minérales. Les uns veulent remonter par gradation des Minéraux les plus vils aux Métaux les plus précieux: tandisque les autres ſe décident pour la méthode contraire.

Une entrée double qu'on a pratiquée anciennement aux deux extremités de notre Galerie, nous a fourni les moïens de concilier ces gouts opoſés : & ils ſe trouveront également ſatisfaits par l'ordre que nous avons établi en 1750.

Nous ſuivons ici le point de vuë, ou les objets ſe préſentent, quand on entre par le Cabinet d'Eſtampes.

Trois piliers quarrés ſont placés à peu de diſtance de l'entrée, & la ſeparent en forme de cabinet du reſte de la Galerie.

L'on y trouve les CURIOSITÉS DU REGNE MINÉRAL, OU L'ART EST ALLIÉ AVEC LA NATURE; ET LES PRODUCTIONS DE L'ART, QUI SERVENT A L'ESSAI ET A LA FONTE DES MÉTAUX. Nous allons nous expliquer plus clairement.

On decouvre d'abord des *Aimans* armés de diferente force, qui ſont ſuſpendus à l'entour des trois piliers: L'on en voit auſſi quelques uns à coté de la porte. Les plus grands de ceux-cy ſoutiennent, à la droite un écuſſon aux Armes de Pologne, péſant ſeize livres, & les Armes de Saxe du poids de douze livres à la gauche: deux autres Aimans plus petits portent au deſſous de ceux-là les Chifres du ROI & de la REINE.

Parmi ceux qui entourent les piliers, nous remarquons en premier lieu un fort petit Aiman, qui nous eſt venu d'Angleterre. Il ne péſe avec ſon armure qu'une once & un quart, & ſoutient un fer à cheval d'une grandeur demeſurée, mais ſi mince qu'il ne péſe pas plus de deux livres. Un autre emporte une chaine de fer du poids de dix livres & deux onces:

GALERIE DE MINERAUX.

ces: & un troifiéme du poids de plus de cent livres eft fans armure, pour contenter les Curieux qui aiment à voir ce minéral dans fa forme naturelle, & qui veulent éprouver fa vertu attractrice, en aprochant du fer ou de l'acier de fa fphére d'activité.

Suivent fix *Trébuchets*, les uns d'argent & les autres de vermeil; & deux excellents *Fourneaux d'effai*, qui ont fervi au grand Electeur Augufte.

Le plus bel ornement de ce cabinet font deux pyramides vitrées qui renferment au delà de trente *Grouppes compofés* par l'affemblage *de plufieurs mines* d'or & d'argent, ou d'autres minérais riches en bon métal. De ce nombre eft la repréfentation du jugement de Salomon, qu'un ouvrier habile a executée en mine d'argent vitreufe fur un piédeftal de vermeil: & un bocal, chargé de riches minérais & de pierreries, dont le couvercle eft furmonté d'un mineur, qui porte fur fon épaule un tronçon d'or vierge.

Nous paffons fous filence un *Miroir de marbre* d'Italie, & les autres curiofités qui font repandues dans ce cabinet, afin de pouvoir nous étendre d'avantage fur la collection de Minéraux.

L'ordre que nous fuivons dans cet abregé, nous conduit d'abord aux MINES D'OR, & aux MINÉRAIS *qui renferment un mélange de ce métal précieux.*

On les garde de même que les autres Minéraux, dans des armoires garnies de tablettes, avec des portes de glace par le haut, & partagées en bas en diferents tiroirs.

Deux fcabellons flanquent ces armoires & portent autant de magnifiques trébuchets.

L'on ne peut éxiger fans injuftice, que nous faffions entrer dans ce tableau général des détails exacts & finis, tels que nous nous propofons de donner fucceffivement de toutes nos collections. C'eft affés que nous nommions ici les morceaux les plus rares & les plus curieux.

B ij   La

GALERIE DE MINÉRAUX.

La premiére place apartient de droit à une grande *Pépite d'Or* de la valeur de cent deux Ducats, melée d'un peu de roc fablonneux, qu'on fupofe étre originaire de l'Arabie heureufe.

Une autre Pépite atachée à un fragment de pierre quarzeufe tient foixante deux Ducats & demi : & une troifiéme à peu prés du méme volume eft adhérante à un jaspe brunatre. Ces deux derniéres ont été aportées du Perou, de méme qu'un caillou rouge-brun, richement moucheté & veiné d'Or natif.

La Chine nous a fourni une maffe d'Or vierge du poids de quarante huit Ducats, & quelques autres nous font venues de Sumatra & de la Guinée. L'on remarque particuliérement parmi celles-ci une Pépite d'Or, où il ne paroit pas le moindre mélange d'aucune fubftance étrangére.

Nous poffédons auffi quantité de *Grains* & de *Paillettes d'Or* qu'on a trouvées dans les torrents & dans les riviéres de l'Europe. Les échantillons que l'Impératrice Cathérine nous a envoyés des paillettes de la riviére de Daria, méritent d'autant plus notre atention, que la bruyante decouverte de ces tréfors a caufé de troubles extraordinaires. [3] C'eft ici le lieu de parler du *Sable d'Or* qu'on tire de la Sale, de la fameufe Source d'or de la montagne de Géans, & des riviéres de *Katzbach* prés de Goldberg, & de *Goldbach* dans le Canton de Lucern &c. fans oublier une efpéce de Sable d'Or grifatre & luifant, qu'on a recueilli au Japon, & un autre tout blanc qui vient d'Alexandrie.

Quelles que puiffent étre nos richeffes en fragments d'Or, que des lavages ont feparés de la veine, elles n'aprochent pas de l'abondance qui regne dans le recueil de *Mines d'Or*, que le travail des hommes a arachées des entrailles de la terre.

On

---

[3] *Voyes les Mémoires de Breslau de l'année 1717. Novembre pag. 359. &* *1722. mois de Juin Art.* X.

GALERIE DE MINERAUX. 9

On fait que ce Métal fe développe, dans une matrice pierreufe, tantot en forme de lames, tantot en pointes, quelques fois en filaments, & d'autres en forme de grains & de cheveux &c. Nous fommes copieufement pourvu de toutes ces efpéces. L'on éftime fur tout une Mine de Tranfylvanie, d'une rareté finguliére, ou une riche veine d'Or s'étend en lames & en grains fur un éclat de pierre fablonneufe. Les grains d'Or ont germé fur les lames & tout au tour en forme de grappes: & celles-là font auffi furmontées en d'autres endroits de petites pointes quarzeufes.

De l'*Or blanc* a tout l'air d'un paradoxe; cependant il eft trés certain, que la Nature en a bien voulu produire. Nous en avons une preuve fenfible dans une Mine quarzeufe d'Abrudbanie en Tranfylvanie, fur la quelle l'on voit diftinctement des lames d'Or de deux couleurs, jaune & blanc. La méme province nous a fourni un minérai fond d'ardoife de couleur grifatre, qui eft traverfé d'une veine d'*Or* pur, d'un blanc pale & presqu'argentin.

La feule crainte de nous écarter de notre but, nous empéche d'entaffer ici une longue lifte de Mines chargées de lames d'Or, d'une beauté & d'une figure finguliére. Mais nous fommes réftreints en de bornes trop étroites; ainfi nous finiffons cette claffe, par deux morceaux presqu'uniques. L'un eft originaire de Reichmannsdorf, au Duché de Saalfeld, (4) & confifte en une Mine de Quarz ferrugineufe, couverte de petites lames d'Or. L'autre, qu'on a trouvé en 1678. à Koenigsberg, en Norvége, eft un Spath blanc, enrichi de feuilles d'Or.

---

(4) Les Curieux, qui veulent fournir leurs Cabinets de ces Mines, n'éprouvent que trop, à quel point elles font devenu rares. Ce n'eft méme qu'avec peine qu'on trouve encore les Ducats que le Duc Erneft de Saalfeld fit frapper du produit de ces Mines.

GALERIE DE MINERAUX.

Entrainé par la richeffe de notre matiére dans un détail trop étendu, il nous eft impoffible de nous arêter aux *Minérais* ou *l'Or eft melé d'alliage, & comme enterré fous d'autres Minéraux.* Nous les pafferons fous filence avec les motifs qui nous ont engagé, à placer ces Minérais à la fuite des Mines d'Or pur & natif.

Les uns & les autres paroitront à leur avantage dans une défcription particuliére des Mines d'Or du Cabinet du ROI, que nous gardons encore en manufcrit.

Nous ne pouvons nous difpenfer de parler de *l'Or végétal,* s'il eft permis de nous fervir de ce terme, pour défigner l'Or ataché à des plantes.

Nous ne poffédons plufieurs échantillons; entre autres deux feps de vigne, entourés de filons d'Or, que nos anciens memoires affurent avoir germés en Hongrie. Trois autres fragments de filons d'Or ont embraffé, dit-on, le pied d'une vigne au village de Struppen, fitué entre Pirna & Koenigftein.

Nous avons refervé à la fin de cet article, *l'Or fabuleux* que nos ancêtres croïoient pieufement être une production *des arcs en ciel.*

Notre Cabinet en fournit aux Curieux diferentes épreuves, aux quelles cependant ils feront moins d'atention qu'à un autre phénoméne étalé tout prés delà. C'eft une affés grande quantité *d'Or Chymique* que plufieurs Adeptes ont depofé dans ce Cabinet, pour métre en évidence la poffibilité de la transmutation des Métaux.

En 1750. le ROI fit éxaminer fcrupuleufement ces rares effets de l'art, par l'Effayeur & par l'Affineur en chef de la Monnoye de Dresde. Il eft conftaté par leurs procès verbaux, qui font entre nos mains, qu'il fe trouve encore un refte de la grande teinture minérale dans un lingot d'Or, dont l'étiquette le raporte aux tems de l'Electeur Augufte.

Nous

GALERIE DE MINERAUX.

Nous paſſons les autres eſpéces d'Or Chymique, pour nous aréter à un lingot d'*Argent*, que le fameux *Baron de Boetger a transmuté du cuivre* en préſence du feu ROI, & de pluſieurs autres perſonnes de la plus haute diſtinction : & que ce celébre Artiſte éſtimoit plus qu'un morceau de plomb changé le méme jour en Or, qu'on voit à coté de l'autre.

La collection DE MINES D'ARGENT ſuit immédiatement celle que nous venons de parcourir. L'abondance peu commune qui regne dans ce recueil, ne peut que ſurprendre les Connoiſſeurs.

Les Mines originaires *de Saxe*, ſont ſeparées des Mines étrangéres, & les unes & les autres ſont rangées à part, dans deux armoires vitrées. Nous avons fait ce triage autant par un principe d'ordre, que pour métre dans tout leur jour ces tréſors immenſes dont la providence a enrichi notre heureuſe patrie.

S'il eſt facile de s'en former de juſtes idées, à la vüe de cette collection ; il n'eſt pas poſſible d'un autre coté, d'en citer ſeulement les eſpéces les plus remarquables, ſans paſſer les bornes qui nous ſont préſcrites. Nous nous reduirons aux ſuivantes, qui meritent toute l'atention des Curieux.

Une trés belle maſſe d'Argent natif, melée de Mine vitreuſe, qu'on a tirée en 1749. de la miniére, nommée le *Himmelsfürſt* de Freyberg. Une ramification d'Argent maſſif, ſans gangue ou parcelles de pierre, des Mines de Schneeberg. Un gros tiſſu de filons d'Argent vierge, entre lacés en forme de croix, dont *Beutel*, cy devant Garde du Cabinet des Curioſités Artificielles, a deja fait mention. Suit une Mine pierreuſe, ſur la quelle l'on voit de l'Argent vierge d'un jaune d'oré, s'étendre en forme de filaments : & une eſpéce trés ſinguliére d'Argent capillaire, qui ont été aportées l'une & l'autre de Jean-Georgeſtadt.

GALERIE DE MINERAUX.

Si l'on veut avoir une idée du fameux bloc d'Argent, fur le quel le Duc Albert de Saxe & quelques perfonnes de fa cour ont pris un repas fouterrain, on pourra fe fatisfaire au moyen d'un fragment du poids de vingt neuf marcs & deux onces, qu'on en a confervé.

Nous fommes obligé de renvoyer à un ouvrage plus étendu, le détail des autres *Mines d'Argent vierge en maffes*, *en pointes*, *en dendrites*, *en lames & en tiffus de filons*. Nous y refervons auffi la lifte des *Minérais*, ou l'Argent eft mêlé avec d'autres Métaux ; ainfi que les diferentes efpéces de *Mines d'Argent vitreufes*, *cornées*, *rouges*, *blanches*, *grifes* & *noires &c.*

Nous gliffons légérement fur le recueil de *Mines d'Argent des païs étrangers*. On y remarque d'abord plufieurs Mines de Norvége, dont l'une péfe dix marcs & cinq onces; & fur tout une trés belle maffe d'Argent vierge, originaire du Perou, dont les filons s'étendent & s'entrelacent en forme de branche de fapin : Plus un autre Minérai du Perou quarzeux & ferrugineux, du poids de neuf marcs & demi, qui eft chargé d'une riche veine d'Argent en forme de dendrites, & de lamelles d'Argent vitreux de couleur blanche : Enfin une Mine extrémement finguliére du Potofe, ou l'on voit des filons d'Argent vierge figurés en forme de plume.

Ce feroit un ouvrage fans fin, que d'indiquer feulement ce qu'il y a de plus remarquable parmi les Mines, que nous avons reçues d'Angleterre, de la Hongrie, de la Tranfylvanie, du Tirol, de la Bohéme, de la Ruffie, du Harz, de la Suede & des Indes. Il fufit de dire que la collection de Mines d'Argent réunit, pour ainfi dire, les richeffes répandües dans tout l'Univers.

La beauté finguliére de ces deux prémiers recueils nous a mené fi loin, que nous ferons obligé d'abreger extrémement les récits, qui nous reftent à faire des autres Métaux.

Avant

GALERIE DE MINERAUX.

Avant que de parler du recueil de Cuivre, il eſt neceſſaire de remarquer les Ornements qu'on a pratiqués dans l'entredeux des armoires. Ce vuide eſt comme tapiſſé, ſi j'oſe me ſervir de ce terme, de ſuperbes Criſtalliſations de Spath & de Quarz, qui ont pour la plus part une affinité, ou quelque reſſemblance avec les Métaux expoſés ſur les tablettes voiſines. Les armoires elles mêmes ſont couronnées des ſymboles des Planétes, qui ſignifient chés les Chymiſtes les diferents Métaux. C'eſt ainſi qu'au deſſus de l'armoire qui renferme les Mines d'Or, il brille un grand ſoleil parfaitement d'oré, entre deux cartouches ſemblables, ou l'ouvrier a exprimé toute ſorte d'emblémes relatifs à cet aſtre. Les Mines d'Argent portent en maniére d'étiquette, un croiſſant & deux écuſſons argentés, ou l'on voit entre autres la figure de Diane. Les armoires, qui contiennent les recueils de Mines de Cuivre, d'E'tain, de Plomb & de Fer, ſont caractériſées dans le même gout, & de la même maniére.

Nous ne dirons que peu de choſe de ces quatre recueils ; cependant l'on auroit tort de les ſupoſer moins abondants que les autres en morceaux rares & curieux.

Le recueil de CUIVRE renferme aujourd'hui mille quatre cent quarante neuf Mines, dont pluſieurs ſont de la derniére beauté. L'on n'en trouve pas moins parmi les neuf cent trente huit MINES & CRISTAUX D'E'TAIN.

Le recueil de MINES de PLOMB eſt de ſix cent quatrevingt dix neuf & celui de FER, de ſept cent ſoixante piéces, non compris les FLEURS de FER, que nous y avons jointes.

Deux bufets ouverts & garnis de tablettes ſuivent les armoires que nous venons de parcourir. L'un eſt chargé de *toute ſorte de Minérais*, qui ont été préſentés au ROI à Freyberg, dans la cérémonie de l'hommage ; aprés-quoi ils ſont paſſé dans nos Galeries.

GALERIE DE MINERAUX.

L'autre bufet eſt orné dans ſon pourtour de trés beaux éclats d'un Jaſpe rouge & blanc, qu'on apelle de la pierre de Corail. Nous y avons étalé quantité de Mines, de Criſtalliſations & d'autres reſtes, de la fameuſe féte, que les mineurs de Saxe ont célébrée en 1719. à Plauen prés de Dresde, à l'ocaſion du mariage de notre AUGUSTE SOUVERAIN.

L'on conſerve ici ces amas informes de mines d'Argent, de Cuivre, de Fer, de Plomb & d'E'tain, moins dans l'idée de perpétuer le ſouvenir des deux ſolennités ou elles ont été emploïées, que pour faire une diverſion flateuſe à l'atention des curieux. Ils pouront éprouver auſſi ſur ces mélanges confus, s'ils ont acquis une notion bien nette & bien préciſe des caractéres extérieurs qui ſervent à diſtinguer ces Métaux.

Les MINÉRAUX *proprement dits* ſuivent dans une eſpéce d'enchainement la collection de Métaux. Nous debutons par les recueils de CINNABRE & de MERCURE en mine : qu'on a placés auprès d'une armoire remplie de toutes ſortes de MINES STÉRILES, VORACES & REFRACTAIRES.

Les Mines de COBALT, de BISMUTH, d'ANTIMOINE, d'ARSENIC & D'AUTRES MINÉRAUX VÉNIMEUX viennent à la file. Les derniéres en rang ſont diférentes MINES DE SOUFRE, & un recueil de PYRITES & de MARCASSITES.

Deux petites armoires poſées à l'extrémité de la Galerie renferment, l'une pluſieurs ſortes de MINES POLIES & TAILLÉES, & l'autres les principales eſpéces de PIERRES MINÉRALES, de GANGUES, de SCORIES & d'autres objets qu'on aperçoit dans les afineries.

La porte qui fait face à l'entrée de la Galerie, eſt flanquée de deux armoires uniformes & garnies de glaces. Celle qui eſt à la droite, ou du coté du mur contient un recueil de SELS, d'ALUNS & de VITRIOL: & l'autre, qu'on a placée à main gauche, tirant vers les croiſées, eſt toute pleine de TERRES.

Les

GALERIE DE MINERAUX.

 Les spectateurs qui ne connoissent pas tout le mérite de ces Terres, ni l'usage infini qu'on en retire, trouveront sans doute ce recueil fort au dessous de leur atention ; mais ils aprendront à l'aprécier suivant sa juste valeur, pour peu qu'ils veuillent consulter l'ouvrage de *Mr. Ludwig*, dont il est parlé dans le discours préliminaire.

 Suivent les TERRES SIGILLE'ES, que *Mr. Ludwig* a fait graver en douze planches ; mais dont le nombre s'est beaucoup acru depuis l'impression de son ouvrage.

 La croisée voisine est ocupée par un recueil de Terres fort compactes, qu'on apelle les TERRES MIRACULEUSES de SAXE. *Mr. Richter*, cy devant Intendant des Mines de pierres précieuses, les a decrites & analysées dans un petit Volume in *quarto* enrichi de soixante & une planches.

 D'éxcellents Naturalistes ont prétendu, que les Terres miraculeuses n'étoient en effet qu'une sorte de Marbre imparfait, dont la coction n'est pas achevée. Cette hypothéfe nous a fait lier ce recueil avec une riche collection de MARBRES de Saxe & étrangers, qui en contient prés de mille espéces. Les Marbres d'Italie & du Saltzbourg se distinguent parmi ceux des païs étrangers, de méme que deux blocs originaires du Mont Vésuve. Nous remarquons en général qu'on a eu soin de partager ce recueil en diferentes classes, toutes cottées du païs d'ou les Marbres ont été tirés. Ceux de Saxe sont rangés par ordre alphabétique sur un bureau à part, qu'on a posé au milieu de la Galerie. Les ouvrages de Mosaïque, les Marbres de Florence & quelques autres de la plus grande rareté, sont encastrés ou taillés en diferentes figures & remplissent le vuide des murs.

 Les ALBATRES paroissent dans la croisée suivante : conformément à l'ordre que nous avons observé dans toute la partie lithologique, de régler le rang des pierres sur leur plus ou moins de dureté ; de maniére que *les moins dures* précédent celles, *qui sont plus fermes & plus solides*.

GALERIE DE MINERAUX.

Pour peu que l'on connoiffe la nature des pierres l'on ne trouvera rien de furprenant dans cette divifion, ni dans le parti que nous avons pris, de placer les Marbres & les Albatres à la téte des pierres moins dures (⁵).

La SERPENTINE les fuit en ordre, comme elle en aproche en dureté. Enfin une pile de tiroirs renferme plufieurs efpéces de PIERRES MOLLES les plus VILES & les plus COMMUNES.

Quatre pyramides vitrées féparent ici les deux claffes de pierres. Elles font chargées d'un recueil choifi de FLUORS MÉTALLIQUES & de ce qu'il y a de plus rare, en CRISTALLISATIONS de SPATH & de QUARZ. Le refte de cette nombreufe collection eft étalé fur une grande table au milieu de la Galerie. Notre plan ne nous permet pas d'en faire le dénombrement: nous ne citerons qu'une piéce unique en ce genre, qui reffemble, on ne peut mieux, à une fuperbe Emeraude. Cependant les Connoiffeurs decouvriront toujours à travers cette belle aparence, que ce n'eft qu'un Fluor parfaitement coloré, que S. E. le *Comte de* WACKERBARTH SALMOUR, *Grand Maitre de la maifon du* PRINCE ROIAL *& Miniftre de Cabinet* DU ROI a reçu d'un fameux Alchymifte, & dont ce fage Mentor a fait préfent à la Galerie de Minéraux.

En continuant de remonter le long des croifées, nous rencontrons une ample collection de PIERRES, dont la NATURE & les EFFETS font finguliers. Nous leurs avons affigné cette place mitojenne entre les deux claffes de pierres, par ce qu'étant d'une dureté trés variée elles leur fembloient apartenir également.

L'on

(⁵) Nous n'ignorons pas, qu'*Anfelme Boëce de Boot*, & aprés lui *Thomas Nicols* ont raporté les Marbres aux pierres dures; mais leur fyftême aprés avoir effuyé les contradictions des plus habiles Phyficiens, foufre encore tous les jours celles de tous les lapidaires.

GALERIE DE MINERAUX.

L'on y voit plusieurs sortes de *Pierres odorantes & d'infectes* ; des *Aetites*, ou *Pierres d'aigle*, quelques chaudiéres de la fameuse *Pierre Ollaire* de Suisse, qu'on trouve aussi dans nos montagnes de Saxe ; & deux grands vaisseaux de *Pierre à filtrer*, ou Pierre poreuse du Méxique, au travers de la quelle l'eau s'échappe.

Nous passons à un beau recueil d'AMIANTE & d'ASBE'STE, assorti de toiles (⁶) & de papier incombustible, que l'art en a tiré. L'on sera peut être surpris d'y remarquer un objet, qu'on prendroit volontiers pour un morceau de bois. Mais cette piéce singuliére n'en a que la plus éxacte ressemblance : c'est une sorte d'Asbéste dont *Bruckmann* a parlé dans son *Histoire Naturelle de l'Asbéste*, & mérite par son extréme rareté toute l'atention des Connoisseurs.

Nous ne saurions entrer dans un plus grand détail sur ce riche recueil ; mais il est éssentiel d'observer encore, que nous y avons joint les PIERRES qui *imitent diferentes figures* GEOMETRIQUES.

Les PIERRES DURES & celles, qu'on apelle PIERRES PRE'CIEUSES, finissent la nombreuse collection de Pierres.

Nous avons soigneusement adopté la méthode, qu'on suit dans les Cabinets d'Histoire Naturelle les mieux arangés, de diviser les *Pierres dures en viles & communes, & en rares & précieuses.*

Le *Basalte*, pierre de la dureté du fer, se distingue parmi les premiéres. Nous en possédons quelques tronçons qui sont venus de *Stolpen*.

L'on trouve aussi dans cette classe un assortiment de *Silex & de Cailloux*.

La division que nous avons faite des pierres dures, paroitra peut être trop vague aux uns, & peu aplicable aux autres dans une si vaste collection.

E

Mais,

(⁶) On remarque sur tout un Mouchoir de col, garni de dentelles, qu'on peut jetter au feu sans le moindre risque.

Mais, outre que nous ne connoiſſons point de diviſion des Pierres qui fut généralement aprouvée, nous avons eu ſoin de diferencier au poſſible les Pierres plus rares des plus communes, & les plus grandes de celles qui ſont d'un moindre volume. On en voit la preuve ſur deux grandes tables, couvertes de plus de mille ſortes d'*Améthiſtes*, *de Jaſpes*, & d'*Agathes*, dont la plupart ſont taillées & trés bien polies. Les fameuſes *Agathes de Rochlitz* y tiennent la prémiére place, & ſont l'admiration de tous les Connoiſſeurs. Elles ſurpaſſent ſans contredit tout ce qu'on connoit de plus belles Agathes, & leurs rareté leur donne une nouvelle valeur.

Quatre cofrets ouverts & rangés à la file, renferment les PIERRES PRÉCIEUSES *proprement dites*. L'on a joint bon nombre de Pierres brutes à celles qui ont paſſé par les mains des lapidaires, afin d'inſtruire les Curieux de leur figure originaire & naturelle. Les cofrets ſont entourés de Calcedoines, d'Agathes, de Cornalines & d'autres Pierres rares qu'on a taillées en tabatiéres & en d'autres figures. L'on remarque ſur tout une *Topaſe* noire de la groſſeur d'un poing d'homme.

Les CRISTAUX ſont étalés à coté des Pierres précieuſés, & ſont melés d'objets les plus ſinguliers. Les uns enferrent des graines ou de la mouſſe, d'autres de la mine de fer arſénicale, & un bloc magnifique renferme beaucoup d'herbes.

Deux autres blocs ſe diſtinguent par leur grandeur extraordinaire; l'un ſur tout tient une aune neuf pouces meſure de Saxe, en hauteur, & une aune & un quart dans la circonference de ſa baſe.

Le dernier ſpectacle que nous préſentons aux Curieux, intereſſe particuliérement ceux, qui n'ont pas l'ocaſion ou la hardiéſſe de deſcendre dans une Miniére, pour ſe former ſur les lieux mémes une idée juſte des puits & des rameaux d'une fouille: ou de la maniére de creuſer les mines, & de les tirer des cavernes ſouterrains.

LE

GALERIE DE MINERAUX.

LE ROI leur a bien voulu fournir les moïens d'acquérir fans peine & fans risques cette connoiffance à l'aide d'un recueil de *Grouppes à machines*, qui expriment toute la mécanique & tout le travail des Mines, des Fonderies & des Afineries.

Elles font placées au milieu de la Galerie : de forte qu'aprés avoir vu d'un coté toutes les efpéces de métaux, & vis-a-vis un recueil immenfe de pierres ; on peut s'aréter enfin fur une réfléxion bien naturelle, par combien de travaux les hommes achéttent, pour ainfi dire, de la Nature, ce qu'elle produit de plus précieux.

Nous finiffons ici la défcription abregée du Cabinet de Minéraux. Nous avourons fans peine, qu'elle eft trés fuperficiélle ; mais elle répond au plan qu'on nous a préfcrit, & à l'idée que nous avons donnée nous méme de cet ouvrage.

Les catalogues raifonés, que nous nous propofons de métre au jour de chaque recueil en particulier, acheveront de pofer en évidence, que le Cabinet d'Hiftoire Naturelle du ROI égale, & furpaffe peut étre en tous genres, les plus belles & les plus riches collections de l'Europe.

Nous trouvons une preuve fenfible de cette verité, dans l'obligation ou l'on a été, malgré toute l'étenduë de la Galerie de Minéraux, d'en féparer les Pétrifications & de les ranger à part dans la Galerie fuivante, qui repond parfaitement à la prémiere en largeur & en longueur.

La Galerie de Pétrifications.

Nous nous flatons, que les perfonnes qui ont parcouru ce Cabinet avant 1747. & qui le revoïent aujourd'hui le reconnoitront difficilement, à caufe des changements effentiels qu'on y a faits, & des ornements extérieurs dont on l'a révétu.

Les tréfors que nous y pouvions étaler, ne font tels que pour les feuls Connoiffeurs, & peu propres en eux mémes à charmer la vuë des fimples Curieux. Il étoit jufte de fatisfaire ceux-ci par d'autres agréments : & un peintre habile a tracé à cet effet fur le pourtour des murs toute forte de figures & d'enjolivements. Celles qu'on remarque le plus, c'eft une Ifis, une Cybéle, un Deucalion & une Pirrha.

Les Pétrifications font rangées dans l'ordre fuivant. Tout prés de la porte d'entrée l'on voit fur des montants pyramidaux, garnis de tablettes, toutes fortes de STALACTITES & de STALAGMITES, ou de Congéllations, les unes rondes & les autres en forme de cylindres.

Les plus belles & les plus nettes ont été mifes à part dans une armoire vitrée qui ocupe la premiére croifée. Ces Congéllations ouvrent ordinairement le fpectacle de Pétrifications dans les Cabinets les mieux arangés; par ce qu'elles nous conduifent pour ainfi dire, à la connoiffance de leur nature & de leur formation.

En effet pour peu que l'on foit inftruit de la fubftance & de la premiére origine des Stalactites, l'on concevra que nous ne pouvions les placer mieux qu'à la téte des Pétrifications du Regne Végétal & du Regne Animal.

La

GALERIE DE PETRIFICATIONS.

La nature & le principe du TUF eft à peu prés le méme que celui des Stalactites: leur reſſemblance méme eſt fouvent des plus parfaites; ainſi nous n'avons pas balancé de le ranger aprés celles-là.

Suivent les INCRUSTATIONS, qui revétiſſent les objets d'une croute pierreuſe ſans changer leur nature, & que non obſtant cela pluſieurs Curieux ont confondues mal à propos avec les Pétrifications effectives.

Les DENDRITES, ou Pierres arboriſées nous raprochent de plus en plus des Végétaux pétrifiés. Elles ſont étalées en grand nombre ſur un bufet au milieu de la Galerie, & l'on y remarque ſur tout de trés belles *Dendragathes*, ou Agathes arboriſées Orientales.

Comme au ſentiment de la plus part des Naturaliſtes les Pierres ſoit dures ou mollaſſes, qui portent l'empreinte de fougéres & d'arbriſſeaux ne ſont que des jeux de la Nature ; nous avons joint à ce recueil pluſieurs *Pierres figurées*, qui repréſentent par un effet du hazard, *des prunes*, *des noix*, *des marons &c*. Les *Confetti di Tivoli*, ou Pierres qui imitent les dragées, n'y ont pas été oubliés.

Nous n'ignorons pas qu'il eut été plus naturel, de repartir la plus grande partie de ces curioſités, dans la Galerie de Minéraux, que dans celle ou elles ſe trouvent ; mais nous ne manquons pas de bonnes raiſons pour juſtifier cet arangement. Nous n'inſiſterons pas ſur la neceſſité, que nous avons déja alleguée : un motif plus ſolide méritera peut être l'aprobation des Connoiſſeurs.

C'etoit de faire ſentir du premier coup d'oeil & avec une évidence parfaite, combien ces jeux de la Nature diferent des vraies Pétrifications qui ſuivent & que nous allons parcourir.

F   Les

GALERIE DE PÉTRIFICATIONS.

Les pétrifications du regne végétal font comme l'on a déja remarqué, à la téte de toute la collection. Nous euſſions volontiers donné la place qui vient immédiatement après les Dendrites & les autres pierres figurées, aux herbes, aux fleurs & aux feuilles pétrifiées, ou plutot empreintes ſur des pierres; mais la conſtruction de la Galerie s'eſt opoſée à cette méthode, & nous avons été contraint de débuter par les *Bois*, les *Ecorces d'arbre*, *les Branches* & les *Racines* changées en pierre. Le nombre en eſt trés conſiderable, & la plupart ſont ſi bien caractériſées, que les Curieux les moins inſtruits peuvent reconoitre ſans peine aux fibres, aux inſertions, aux éclats, aux ſiéges des noeuds & à d'autres marques également ſenſibles, que ces pierres douées aujourd'hui d'une dureté d'Agathes, ont été originairement du véritable bois.

La piéce, qui ſe diſtingue le plus dans cette claſſe, c'eſt un arbre que nous avons reçu en 1752. dont le tronc, les branches & les racines ſont devenues une pierre parfaite. (*) L'on voit prés de là dans une armoire vitrée, nombre de tronçons de bois pétrifié, qu'on a polis & taillés en diferentes maniéres, pour prouver la dureté & la beauté ſinguliére de ces foſſiles.

Dans le cinquiéme entrecolonnement de cette Galerie, & dans la croiſée opoſée ſont les *Pierres qui portent l'empreinte de quelques Plantes*, & toutes ſortes de *Carpolithes*, ou de fruits pétrifiés; mais nous en avons ſeparé & rangé à part les Pierres, qui repréſentent des pois nommées des *Piſolithes*, ou des féves, les *Cyamites*, des lentilles, les *Phacites*, & des amandes, les *Amygdaloides*, &c. dont l'origine eſt diferemment raportée.

Les

(*) Nous avons fait inſérer dans les *Gazettes de Leipſic No. 1. & 2. de la 22. ſemaine* de la dite année, un Mémoire detaillé ſur cette merveille de la Nature, d'ou il eſt paſſé dans preſque toutes les autres Nouvelles publiques. On le trouve auſſi en Latin *au 1. Vol. des Commentarii de rebus in ſcientia naturali & medica geſtis, Part. 3. p. 522.*

GALERIE DE PETRIFICATIONS.

Les coraux & les plantes marines pe'trifie'es font les derniéres efpéces de Pétrifications du Regne Végétal. Une grande armoire pratiquée dans le fixiéme entrecolonnement en contient un beau recueil, qui fixe toujours l'atention des Connoiffeurs. Ce qu'on y admire le plus, c'eft un magnifique bloc de Pétrifications, que *Mr. Borlach*, Confeiller de Mines, nous a envoyé de Pologne. Il péfe plus de cent livres & n'eft à notre avis, qu'un amas d'Hippurites, ou de calices de Corail pétrifiés. Cependant nous ne diffimulerons pas qu'un celébre Naturalifte foupçonne, que cette maffe fuperbe pouroit bien être le choux d'un palmier converti en pierre.

Le dépot qu'on a formé dans l'embrafure de la croifée vis-a-vis de cette armoire, doit étre vifité avant que de paffer aux Pétrifications du Regne Animal. Nous y avons ramaffé les pe'trifications douteuses; *fur les quelles nous n'ofons pas prononcer, fi elles font effectivement telles, ou fi ce ne font que des pierres diverfément figurées.*

On y trouve auffi des petrifications indubitables; mais inconnues : *& dont nous ignorons la nature, fi elles ont apartenu originairement au Regne Végétal, ou à quelque claffe d'Animaux.* Des heures entiéres ne fufiroient pas à qui voudroit éxaminer toutes ces piéces l'une aprés l'autre.

Nous fommes d'autant plus enchanté, quand un Connoiffeur veut bien s'y aréter & contribuer de fes lumiéres à déterminer les claffes ou ces objets inconnus doivent étre raportés.

Les pe'trifications du regne animal fuivent ce dépot mitojen. Nous avons terminé la collection de Végétaux changés en pierre, par les Pétrifications de Coraux & de Plantes marines: & par un arangement qui enchaine pour ainfi dire, les deux claffes, nous débutons dans le recueil d'Animaux pétrifiés par les *Pétrifications d'Animaux Aquatiques.*

Plus les espéces en sont diverses, plus nous avons été atentifs à les soudiviser en de classes separées.

Les tablettes du septiéme entrecolonnement & un vaste bufet qui les acompagne, sont chargées de *Poissons pétrifiés:* avec cette diference que les tablettes portent les Pétrifications en pierre noire, d'*Ilmenau*, de *Glucksbrunn* & du païs de *Mansfeld*; & que le bufet est garni de Pétrifications originaires du païs d'*Eichstædt*, & de toutes les autres dont le moule est de pierre calcaire ou d'ardoise blanche.

Le hazard nous a procuré dans ce genre bon nombre de piéces des plus singuliéres. Les Connoisseurs verront sur tout avec plaisir un rognon de cuivre d'Ilmenau, qui porte en relief la figure entiére d'un poisson semblable à une lote. Ce morceau est d'autant plus remarquable, que les Pétrifications ordinaires n'ont coutume de représenter que les parties solides des poissons.

L'on a distribué dans la croisée qui fait face à ce recueil, les *Hammithes*, ou Pierres grenuës, qui font voir comme de petits oeufs de poissons, (*) les *Glossopétres*, ou langues des serpents & d'autres parties d'animaux marins converties en pierre.

A' la suite de tous viennent plusieurs *Écrévisses pétrifiées*, dont les unes paroissent en relief sur des fragments de pierre, & les autres en simple empreinte: quelques unes encore sont entiérement detachées de leur moule.

Le reste de la Galerie est rempli des deux cotés, à peu de degagements prés d'une quantité prodigieuse de *Coquillages pétrifiés*.

Les

(*) Nous protestons que les Hammithes n'ocupent cette place, que pour être à la main si quelqu'un désiroit de les voir : nous nous garderions bien de vouloir persuader à persone que des oeufs de poissons se pussent pétrifier.

GALERIE DE PETRIFICATIONS.

Les tablettes du huitiéme entrecolonnement & l'armoire vitrée, qui eſt placée vis-à-vis dans l'embraſure de la croiſée, renferment dans un arangement méthodique, quantité de *Cochlites*, ou de coquilles univalves converties en pierre.

L'ordre que nous avons etabli, nous mene enſuite à un bufet, ou l'on peut s'inſtruire du premier coup d'oeil de la diference qu'il y a entre ces Cochlites & les Conchites, ou Coquilles bivalves pétrifiées qui viennent aprés celles-là. On s'y formera de plus une idée préliminaire des Echinites, des Bélemnites & des Trochites, qui ſuivent les Conchites. Toutes ces eſpéces réunies s'ofrent ici à nos regards: ce bufet renfermant les *Pierres, qui repréſentent à la fois pluſieurs ſortes de Coquilles, & d'autres dépouilles des Animaux teſtacées, changées en pierre.*

Les Conchites rempliſſent les tablettes du neuviéme entrecolonnement. L'on y voit des Crétes de Coq & des Petoncles pétrifiées, des Colites, des Hiſterolites, des Bucardites &c. Les mémes eſpéces ſont répetées en pierres d'un moindre volume, dans trois armoires garnies de glaces, qu'on trouve dans les trois croiſées opoſées.

Suivent quantité de *Coquilles & de Plantes marines petrifiées*, que feu Mr. *de Heucher* a recueillies en Pologne & en Lithuanie: & que par reſpect pour la mémoire de ce grand homme, nous n'avons pas voulu ſeparer.

Par un motif à peu prés ſemblable l'on a logé tout auprés, un recueil de *Pétrifications* en pierre ſablonneuſe *des montagnes de Pirna*, que nous devons aux ſoins de feu Mr. *Michaëlis* Chambrier privé du ROI. C'eſt là l'origine du mélange confus de toutes ſortes de Pétrifications, qu'on remarque ſur ces deux tablettes. Une piéce du ſecond recueil qui ſe diſtingue par ſa rareté, c'eſt une belle Etoile de mer à cinq rayons.

G Nous

GALERIE DE PETRIFICATIONS.

Nous passons à l'onziéme entrecolonnement, ou nous rencontrons les *Pétrifications de Cornes d'Ammon* & *de Nautilles*.

Elles sont en si grand nombre, qu'il n'y a pas eu moyen de les rassembler toutes dans une méme armoire. Les plus belles & les plus petites ocupent une armoire à part qui est garnie de glaces, & placée dans la croisée.

Nous y avons joint deux Cornes d'Ammon extrémement singuliéres, dont l'une a vingt cinq pouces de Saxe de diamétre : l'autre est toute revêtue d'une croute de nacre de perle, & remplie dans sa cavité d'un pyrite jaunatre & luisant. Cette piéce unique mérite, d'étre observée d'autant plus qu'elle met en évidence que les Cornes d'Ammon sont de vrais Coquillages, & que déslors leur nature n'est plus un probléme, comme un Auteur moderne l'a prétendu.

Les deux croisées voisines fournissent des *Echinites*, des *Pierres Judaiques* & des *Bélemnites* de diferente grandeur.

Le récueil de Pétrifications d'Animaux Aquatiques se termine à la derniére croisée de cette Galerie, par une belle collection de *Trochites*, & d'*Entrochites*, ou de Pierres qui représentent des roues & des étoiles.

Si l'on sait quelle origine les meilleurs Naturalistes atribuent à ce beau fossile, l'on s'attend sans doute à trouver prés de là des *Etoiles de mer* pétrifiées. Une *téte de Meduse* superbe emporte dans ce nombre le sufrage de tous les Connoisseurs : ils ne balancent pas à la métre au nivau de ce qu'il y a de plus précieux dans cette Galerie, & la préférent méme à un autre fossile semblable, que le *Dr. Hiemer* à décrit dans un traité particulier.

Le

GALERIE DE PETRIFICATIONS.

Le dernier entrecolonnement de cette vaste Galerie nous présente quantité de *Dents fossiles* & toute sorte de *Pétrifications d'Ossements, de Vertébres & d'autres parties de l'Homme & des Animaux Terrestres.*

L'on y remarque particuliérement 1) *un Squelette de Crocodile* long de deux pieds dix pouces, trés bien petrifié, qu'on a trouvé, non pas dans le païs de *Wurzbourg*, comme *Keysler* a prétendu; mais à Boll, village du Duché de *Wurtemberg.* 2) *Les deux Machoires & la plus grande partie du Crane d'un Elephant* & 3) *les Cornes d'un Urélephas*, qui nous sont venues de Siberie.

Les Curieux sont toujours frappés de la diference extrême qu'on remarque entre les Pétrifications dont nous venons de faire la revuë, & celles qu'on a placées à part prés de la porte de sortie. Cette diference provient d'une raison trés simple: le dernier recueil n'est composé que de *Pétrifications* évidemment *factices*, qu'on a supofées en grand nombre pour tromper la credulité du Docteur *Beringer.* (⁹)

(⁹) Les figures de cés fameuses impostures se trouvent dans une dissertation, que le *Dr. Beringer* a publiée sous le titre de *Lithographiæ Virceburgensis ducentis lapidum figuratorum, a potiori insectiformium, prodigiosis imaginibus exornatae specimen primum. Praeside Dr. Joh. Barth. Adam Beringer, Resp. Georg. Lud. Hueber. Virceburgi 1726. Fol.*

SALON DE VEGETAUX.

Des objets tout nouveaux, & d'un genre opofé à ceux que nous avons vus jusqu'ici, s'ofrent à nos yeux dans le Salon (¹⁰) ou nous allons entrer. Nous y trouvons

Les Curiofités du Regne Végétal.

Les richeffes de cette collection font proportionnées à la profufion, avec la quelle la Nature a répandu mille efpéces de plantes fur notre Planéte, & au foin qu'on a eu de les raffembler de toutes parts. LE FEU ROI de glorieufe mémoire a même eu l'atention d'enrichir nos recueils des dépouilles de l'Afrique & des climats les plus reculés: ou SA MAJESTÉ envoya pour cet effet, avec des fraix immenfes, le célébre *D. Hebenftreit*, qui eft encore de nos jours l'ornement de l'Univerfité de Leipfic.

Cette circonftance feule fait juger, que la collection que nous avons devant nous doit être trés diftinguée & par le choix & par le grand nombre. On connoitra mieux encore les avantages qu'elle a fur la plupart de cabinets du Regne Végétal, quand le catalogue détaillé qu'on fe propofe d'en publier, aura paru. Nous continuons de fuivre ici notre premier plan, de ne donner qu'une idée legére & générale des objets qui nous feront préfentés.

Plufieurs centaines de phioles placées fur des gradins à la droite de la porte & dans toutes les croifées de ce Salon renferment, par ordre alphabétique toutes fortes de SEMENCES & de GRAINES.

Les FRUITS du produit de la Saxe, & ceux des païs étrangers font répartis fur les tables qui fervent de confoles à ces gradins.

Sui-

(¹⁰) Il a cinquante aunes de Saxe de longueur fur vingt & une aunes de largeur.

SALON DE VEGETAUX.

Suivent les HERBES, les FLEURS & les PLANTES de toute eſpéce. Elles forment deux claſſes, qui rempliſſent chacune une grande armoire de Bibliothéque.

La premiére claſſe comprend *les Herbes deſſéchées*, & l'autre contient *les figures d'Herbes peintes d'aprés nature*. Pluſieurs ouvrages uniques dans ce genre font partie de la ſeconde claſſe : nous en nommerons les plus remarquables. Tels ſont : Dix volumes de Plantes, peintes par les fameux *Volckmann* pere & fils, de *Liegnitz*. Huit volumes ſemblables, qu'on a achetés neuf cens écus des héritiers de *Johrenius*. Un Herbier de ſix cens Plantes rares, peintes à Dresde par le *Dr. Kenntmann*. Trois grands volumes in folio de Végétaux deſſinés à Batavia : & pluſieurs centaines de trés belles Fleurs, peintes ſur du velin avec une vérité ſinguliére, qu'on a païées un Ducat la piéce.

Quelque précieux que ſoit ce recueil, la collection de *Plantes Médicinales deſſéchées* le ſurpaſſe infiniment. Elles ſont diſtribuées la plupart en de grands étuis en forme de livre, & ont été recueillies par les plus célébres Botaniſtes. Les Curieux y trouveront entre autres un bel Herbier que le *Dr. Hebenſtreit & ſes Compagnons de voïage* ont formé en Afrique & ſur la route. Nous paſſons ſous ſilence les autres ſingularités, dont le détail nous éloigneroit trop du but que nous avons en vuë.

Le coté du Salon qui eſt en face des croiſées, nous atire par l'étalage d'un riche amas de Végétaux d'une autre eſpéce, que nous parcourrons avec la méme briéveté. Nous remarquons d'abord un recueil de ce qu'il y a de *plus rare en Herbes, en Fleurs & en Feuilles*, qui ont été raſſemblées la plupart par le célébre *Dr. Ruyſch*. Nous devons auſſi à cet habile Naturaliſte, quantité d'Anatomies de diverſes ſortes *de Fruits & de Feuilles*.

SALON DE VEGETAUX.

  Nous favons par expérience, que ces objets ne frappent que médiocrement le grand nombre des Curieux; cependant les plus infenfibles voïent avec plaifir *les Végétaux,* que *l'art a employés à diférens ufages*. Par exemple: deux vaiffeaux & un coeur exécutés en cloux de girofle : plufieurs perches revétues de canelle de Ceylan : un parafol de Seigneurs Indiens, compofé d'une feule feuille de palmier & néanmoins affés large pour ombrager douze perfonnes &c.

  Nous paffons à une collection de BOIS la plus complette, nous ofons le dire, qu'on puiffe voir. En effet il feroit difficile de nommer une efpéce de bois, tant foit peu remarquable, dont nous ne fuffions en état de produire fur le champ deux diferens échantillons. L'un eft toujours fans écorce, & fe préfente en forme d'ais taillé dans la longueur des arbres & des branches : l'autre eft couvert de fon écorce & coupé de maniére, qu'on peut trés bien diftinguer les fibres, les infértions, les écorces, & les acroiffements annuels du bois.

  Nous ne dirons rien de plufieurs blocs d'arbres étrangers, qui font partie de ce vafte recueil, ni d'un affortiment particulier d'ECORCES, ni enfin des collections de MOUSSES D'EPONGES, de NOEUDS d'arbres, & d'autres TUBERCULES OU EXCRESCENCES d'une figure finguliére, qu'on a raffemblées de toutes parts.

  Suivent les SUCS & les GOMMES des Végétaux. Nous défcendons de la *Cédrie* & des *Baumes,* jusqu'aux *Réfines* & aux *Colophones* qui découlent des fapins & des térébintes; fans oublier l'*Encens,* le *Maftic* & d'*autres Sucs* & *Larmes* femblables. Le moindre détail que nous en ferions nous meneroit au de-là des bornes de cet ouvrage.

En

SALON DE VEGETAUX.

En voici les espéces les plus dignes d'atention: une belle masse de Copal, ou de Gomme odorante du Méxique du poids de trente huit livres: du Storax blanc: de la Résine du Japon: du Moxa ou Macis de la Chine, avec des trochisques assortissants; enfin toute sorte de Parfums, & de bougies Aromatiques, dont les Indiens se servent dans leurs sacrifices.

Les RACINES entrent éssentiéllement dans une collection de Végétaux: & le Cabinet du ROI enferre tout ce que la Nature produit de plus rare dans ce genre. Les Curieux y trouvent plusieurs sortes de Mandragores, & sur tout la fameuse racine de Gin-seng, ou de Ninsi, qu'on aprécioit autrefois au pair de l'or.

Nous passons tout le reste sous silence: sans excépter le pain, que les habitants de Sumatra, & des Iles Molucques ont coutume de pétrir de racines broyées, & reduites en farine.

Un recueil de JONCS & de ROSEAUX suit à son tour, & peut contenter ceux qui souhaitent de voir des cannes de sucre.

Plus la Nature s'écarte souvent dans la production des plantes de ses regles ordinaires, plus nous avons aporté de soins à rassembler les PHÉNOMÉNES DU REGNE VÉGÉTAL. Nous en citerons quelques uns des plus singuliers: autant pour faire connoitre la nature de ces phénoménes, que pour dresser une espéce de répertoire, à l'aide du quel les Curieux puissent se rapeller sans peine des objets, qu'ils voïent toujours avec admiration.

1) Un grain d'orge qu'on a trouvé en 1725. dans un oeuf dur, ou il avoit germé, sans qu'il parut à la coque aucune marque de fente ou de felure. La racine étoit fortement atachée à la pellicule intérieure de l'oeuf, & la petite plante s'étendoit jusqu'au centre du moyeu. 2) Une aveline qu'on

SALON DE VEGETAUX.

qu'on a découvert dans une noix ordinaire.   3) Une grande peche, dont la figure repréſente une téte d'enfant.   4) Pluſieurs fruits à moitié citrons & à moitié oranges.   5) Trois diferentes ſortes de bled, qu'on prétend étre tombé du ciel : & une petite proviſion de farine miraculeuſe, qui eſt ſortie de terre prés de *Schlettau.*

Il n'eſt pas douteux que cette farine, ou plutot que ce lait de Lune n'eut été raportée plus convenablement parmi les Bols, dans la Galerie de Minéraux; mais on demande ſi ſouvent à le voir ſous le nom de farine, que nous n'avons pas héſité d'aſſocier aux Végétaux un foſſile, dont la nature eſt aſſés connue par un traité (¹¹) imprimé à Halle.

6) Une carotte noire.   7) Une poire cueillie prés de Naumbourg, ſur un poirier qui a fleuri deux foix dans le courant de l'année 1748.   Ce qu'il y a eu de plus ſingulier dans ce phénoméne, c'eſt qu'au lieu que les fleurs ſont atachées ordinairement au rameau qui les porte, les ſecondes fleurs de ce poirier ſont ſorties du fruit méme: de maniére qu'il ſembloit, qu'on eut greffé, pour ainſi dire, un bouquet de fleurs ſur toutes les poires de cet arbre.   8) Un trognon de choux ſurmonté d'onze tétes de choux aſſés groſſes, & de trois autres d'un moindre volume.   9) Pluſieurs roſes monſtrueuſes à double & à triple étage, & quantité d'autres jeux de la Nature de la méme catégorie.

Nous nous rapellons ici l'arét qu'un Savant du premier ordre a prononcé, que ces ſortes de phénoménes, ou de caprices n'étoient recherchés & conſervés que par ceux, qui n'en avoient jamais vus, & qui ne pénétroient pas les ſecrets de la Nature.   Nous repondons à ce reproche, avec tous les égards que l'on doit à ſon illuſtre Auteur: qu'en raſſemblant ici les phénoménes du Regne Végétal, nous avons eu moins en vuë la ſingularité de ces objets & leur qualité de caprices de la nature, qu'un motif plus élevé: d'ouvrir un nouveau champ aux Phyſiciens, pour étudier de plus en plus les forces & les effets de la Nature.

D'ail-

(¹¹) Il porte le titre: de *Mémoires ſur la farine merveilleuſe, qui eſt ſortie de terre en la préſente année 1684. dans la bruyére de Schlettau.*

SALON DE VEGETAUX.

D'ailleurs un bourgeon de poirier qui pouffe à travers une poire, qui fe charge de fleurs, & qui porte du fruit fur les poires mêmes, mérite peut être autant d'atention qu'un enfant, qui naitroit avec deux têtes entées, & comme échafaudées l'une fur l'autre. Que de volumes n'écriroit-on pas fur un tel phénoméne, & que ne feroit-on pas pour le conferver! Or nous ne voïons point par quelle raifon un Naturalifte defintéreffé dut paffer plus légérement fur ceux du Regne Végétal : & nous fuivons avec plaifir les traces du celébre Mr. *Hanow*, qui ne dedaigne pas de rechercher dans fes *Curiofa* les caufes & l'origine de ces écarts de la Nature.

Il eft tems de reprendre le fil de notre récit, que cette réflexion indifpenfable nous a fait abandonner. Il fe trouve encore parmi les Phénoménes du Regne Végétal plufieurs morceaux de bois, dans les fibres du quel l'on a découvert des figures repréfentant des croix & des lettres en forme de chifre. Nous raportons auffi à cette claffe un amas de bois & d'autres Végétaux, que le hazard a atachés à diferentes productions de l'Art & de la Nature. Par exemple : un éperon enfoncé & comme enveloppé dans les fibres d'un morceau de bois : un éperon Tartare, adhérant à une racine, qui en traverfe la boucle : un morceau de bois dans lequel l'on a trouvé des cheveux, & un bloc d'arbre qui renferme un fer à cheval : une carotte qui a germé à travers un trés petit trou d'un caillou : enfin plufieurs bois de cerf enclos dans des buches.

Il refte quelques *morceaux* d'une haute rareté, *que l'Art a formés de concert avec la Nature*. Nous remarquons dans ce genre un ais arondi de bois de Tamarin, dont le diamétre eft de deux aunes & trois quart : & l'on voit par l'entrelacement des fibres & des infértions, que cette mefure n'eft que la moitié de la groffeur énorme du tronc, dans l'épaiffeur du quel cet ais a été coupé. Suivent quatre ftatues coloffales de Cyprés, qui rempliffent le Salon de leur odeur &c.

CABINET D'ANATOMIE.

Nous ne parlons pas de plusieurs Racines qu'on a taillées en figures Chinoises : parmi lesquelles il s'en trouve une qu'on prétend être de Calamba, la plus excellente sorte de bois d'Aloës. Nous ne dirons rien non plus des autres objets étrangers, qui servent plus à l'ornement de ce Salon qu'à tout autre usage. De sorte qu'après avoir fini de parcourir la Galerie de Végétaux, nous entrons tout de suite dans

Le nouveau Cabinet d'Anatomie.

La collection que nous avons devant nous est apellée *le nouveau Cabinet d'Anatomie*, pour la distinguer d'une autre, que le ROI a donnée à l'Université de Wittenberg, ainsi que nous l'avons remarqué dans le discours préliminaire. L'on retira cependant de cet ancien recueil les objets qui se distinguoient le plus par leur rareté, & l'on fit successivement de nouvelles acquisitions d'Anatomies du corps humain & de parties séparées, d'une beauté & d'une préparation parfaite. Le fond de ce second recueil s'acrut par là au point qu'il falut songer peu après à lui trouver une place convenable. L'on se décida en 1746. pour le Cabinet qui portoit alors le nom de Cabinet d'Ignorance, par ce qu'il servoit d'entrepot aux productions de la Nature, dont l'espéce étoit inconnue, & qu'on repartit en suite dans les autres Galeries.

Ce Cabinet d'Anatomie nouvellement rétabli, est arangé de la maniére suivante. Une grande armoire à doubles portes vitrées, se présente à l'entrée du Cabinet. Le premier étage est garni de toute sorte d'*Anatomies d'hommes, ou d'animaux*, & de leurs parties, conservées *dans l'esprit de vin*. On y admire entre autres la tête d'un jeune garçon de sept ans, que le fameux *Ruyfch* a injectée avec tant d'art & de délicatesse, qu'elle paroit animée.

CABINET D'ANATOMIE.

Ce célébre Anatomiste nous a fourni de plus un bras & une jambe d'enfant, une langue, & sur tout deux membranes du cerveau, injectées de maniére qu'on peut distinguer sans peine la quantité étonnante de veines & de rameaux presqu'imperceptibles, dont elles sont traversées.

Quelques fœtus de Négresses, le sac odorant d'une civétte & d'autres curiosités semblables se trouvent au méme endroit, & méritent toute sorte d'atention.

Le dessous de cette armoire est rempli de diferentes *Parties du corps humain & d'animaux, dessechées & injectées.* L'on y voit aussi quelques cranes singuliers, dont il y a deux que le celébre *May* de Strasbourg a preparés suivant une méthode excellente, qui lui étoit propre. Les sutures & l'emboitement des os se discernent parfaitement dans toute leur épaisseur, de méme que la construction intérieure & le méchanisme de l'oreille.

Une *Plica Polonica* monstrueuse paroit l'emporter sur tout ce que cette armoire renferme de plus curieux. Nous en trouvons une déscription fort étenduë dans l'*Auctarium Historiae Naturalis Regni Poloniae du Pere Rzaczynski pag. 470.*, dans les *Transactions Philosoph. Vol. XXXVII. No. 417. VII. & No. 426. III.* & dans le *Commercium Litterarium Norimbergense des années 1733. & 1734.* Cette *Plica* singuliére est large de la main, & a quatre aunes de longueur, sur deux pouces d'épaisseur. Le Médecin du Prince de Radzivil qui l'a embaumée, en avoit dépouillé le cadavre d'une vieille Lithuaniénne, agée de soixante dix huit ans.

Le *petit Eléphant*, dont *Mr. Patin* a fait une déscription merveilleuse, ne doit pas étre oublié. Voici ce qu'il en dit dans les *Relations Historiques de ses Voiages:*

„ Je me souviens entre autres, d'un prodige. C'eſt un E'léphant
„ naturel, long environ d'un pied, qu'on aſſure être le fœtus d'une
„ femme. Qu'on en recherche la cauſſe dans les effets d'une imagina-
„ tion depravée, ou dans le crime, qu'il vaut mieux céler que ſoupçon-
„ ner, elle eſt toujours, ce ſemble, au-deſſus de la nature. Pline en ra-
„ porte un exemple pareil en ces termes: *Alcippe elephantum peperit,*
„ *quod inter oſtenta eſt.*

Nous faiſons profeſſion d'une franchiſe trop exacte, pour ne pas a-
vouer naturellement, que ce fameux E'léphant eſt un pur ouvrage de l'art.
Il eſt ſurprenant que *Mr. Patin* ait pu l'ériger en prodige, tandisque l'im-
poſture ſe decéle aux yeux les moins clairvoyants.

Nous trouvons ici des piéces artificielles qui ſont d'une toute autre
valeur; par exemple: *Une figure de cire, repréſentant un enfant de groſ-*
ſeur monſtrueuſe, dont il eſt parlé dans *l'onziéme Vol. du Magazin de Ham-*
bourg: La figure en plein relief *d'une fille barbuë*, qui mourut à l'ho-
pital de cette ville. Elle eſt repréſentée d'aprés nature dans l'atitude
d'une perſonne couchée dans un cercueil, & le fameux *Lucke* y a em-
ploié l'ivoire & l'ébéne avec une fineſſe qui caractériſe tous ſes autres
ouvrages. ([12]) Nous devons au ciſeau du méme Artiſte la figure en
bois de *deux enfants atachés enſemble par leur occiput*, qui naquirent en
1748. prés de cette ville & ont vecu dix ſept jours.

Le ſquelette de ce part monſtrueux eſt placé à coté, & plus loin le
ſquelette d'un fœtus femelle, où l'on peut voir de quelle maniére les
parties oſſeuſes du corps humain ſe forment & ſe développent.

Plus

([12]) Nous ne parlons pas en cet endroit des oreilles, des yeux, & d'autres membres, moulés en cire, ou taillés en ivoire, dont nous avons un bel aſſortiment:
nous nous rapellons à ce ſujet les ſages réflexions de *Mr. de Haller dans la Tra-*
duction du 2. Vol. de l'Hiſtoire Naturelle de Mr. de Buffon, pag. 136.

CABINET D'ANATOMIE.

Plus loin une autre armoire ofre à nos regards le squelette d'un homme parvenu à la force de son age. On a pratiqué dans toutes les jointures de petits ressorts, qui servent à démontrer le méchanisme & le jeu principal de nos membres. L'on peut faire les mêmes observations sur le squelette d'une femme, qui est placé en face de l'autre. Toutes les parties de ce dernier sont assujéttíes avec des vis & des ressorts d'ivoire d'une blancheur éclatante; mais qui est effacée, pour ainsi dire, par celle des ossements.

Plus d'un Curieux nous reprochera sans doute d'être entrés dans un trop grand détail sur des objets qui sont plus propres à blesser la vuë qu'à la réjouir. Nous déférons volontiers à cette idée, & tirons le rideau sur les bocaux, ou nous conservons des *Parts & des fœtus monstrueux*, que nous ne montrons qu'à ceux qui demandent expréssement à les voir.

A la droite de l'entrée de ce Cabinet se trouve une seconde armoire vitrée à double étage. Elle est remplie d'*Instruments d'Anatomie & de Chirurgie*, que le grand Electeur Auguste a recueillis la pluspart avec des fraix infinis. Plusieurs en sont d'argent massif, & presque tous ont de belles manches de bois d'Inde. L'on ne reconoit pas à la vérité dans ces instruments le fini & la perfection où nos ouvriers les ont portés de nos jours; mais par là même ce recueil devient un monument bien éstimable des progrés que les arts & les sciences ont faits depuis deux siécles. On voit sur tout avec plaisir des espéces de cuirasses, de brassarts, & de bottines d'acier, qu'on emploïoit autre fois pour redresser les corps voutés, ou contrefaits & dans les fractures d'os. *Plusieurs seringues à injecter toutes sortes d'anatomies,* dont le fameux *Dr. Ruysch* s'est servi, se distinguent parmi les instruments de fabrique moderne.

CABINET D'ANATOMIE.

Nous ne devons pas oublier qu'on a dépofé dans ce Cabinet les *Ceraunia*, ou *Carreaux de foudre*, & *plufieurs effets finguliers du tonnerre*. Ce recueil mérite toute l'atention des Curieux. On ne peut fe laffer d'admirer une petite giberne de velours rouge atachée à une chaine d'or, que la foudre toucha en 1709. fur le corps du feu Palatin de Lublin. Le velours fut brulé en quelques endroits & plufieurs chainons de la chaine d'or furent fondus, ou criblés de petits troux ; cependant le feu ne prit pas aux cartouches qui étoient enfermées dans la giberne, & que nous y gardons avec foin afin de perpétuer le fouvenir de cet événement. Rien ne furpaffe en ce genre une petite phiole de verre, qui fut fondue par la foudre en 1717. & pliée, pour ainfi dire, en rouleau.

Cette efpéce de curiofités & plufieurs autres, dont le détail eft refervé à ouvrage plus étendu, ont été dépofées dans ce Cabinet, autant pour ménager le peu d'éfpace qui nous refte dans nos Galeries, qu'en égard du peu de raport qu'elles ont avec les autres productions de la Nature.

Cependant nous les rangerons avec plaifir fous tel Regne qu'on voudra bien nous indiquer, pourvu que l'on nous convainque en même tems qu'elles y apartiennent effectivement. D'ailleurs on fent, pour peu que l'on ait d'expérience, que dans l'arangement d'un Cabinet auffi vafte qu'eft celui du ROI, il eft impoffible de fe conformer toujours au gout de tout le monde, & que trés fouvent nous fommes reduits à plier notre méthode à la conftruction extérieure des Galeries.

Les Cabinets d'Hiftoire Naturelle les plus riches ne font que de corps fans ame quand les livres y manquent. Je m'explique : l'on n'acquiert une connoiffance folide de la Nature, qu'à force de confulter les Auteurs qui l'ont étudiée. Souvent même un Naturalifte habile fe rapelle dans un cabinet tels paffages de livres, qui étant comparés aux objets qu'il examine, quelques douteux qu'ils fuffent d'ailleurs, y répandront dans le moment de la lumiére & de la certitude.

Per-

PREMIÈRE GALERIE D'ANIMAUX.

Perſuadé de cette vérité NOTRE AUGUSTE MONARQUE a trouvé bon d'animer, pour ainſi dire, SON *Cabinet* d'Hiſtoire Naturelle, en y joignant la belle Bibliothéque de feu *Mr. de Heucher*, qui ocupe les deux piéces atenantes au Cabinet d'Anatomie.

Qu'il nous ſoit permis de païer ici un juſte tribut de gratitude à l'ILLUSTRE DIRECTEUR EN CHEF de ces Galeries. *Son* empreſſement à nous ménager l'aveu du ROI pour l'acquiſition de ce tréſor a juſtifié l'amour pour les arts & pour les ſciences, qui *Le* caractériſent, & mérite de notre part une éternelle reconnoiſſance. Les avantages que nous retirons tous les jours de notre Bibliothéque, nous renouvellent ſans ceſſe ces ſentiments, & nous font en méme tems redoubler nos voeux, que le Cabinet d'Hiſtoire Naturelle du ROI en puiſſe jouir à perpétuité.

Première Galerie d'Animaux.

Le regne Animal dont le Cabinet d'Anatomie ouvre, pour ainſi dire, le ſpectacle, nos ofre une quantité preſqu'inexprimable de Bétes féroces & de domeſtiques. Nous citerons à peine la centiéme partie du recueil que nous poſſédons, & le peu que nous en dirons nous entrainera néanmoins au de là des bornes ou nous nous ſommes renfermés dans la déſcription des Végétaux & du Regne Minéral.

On s'atend à voir une collection immenſe, quand on ſait, qu'une Galerie, longue de ſoixante ſeize aunes ſur une largeur proportionnée, eſt remplie de toutes parts ou d'Animaux entiers, ou de leur parties.

Toutes les eſpéces en ſont exactement diſtinguées. Nous débutons par bon nombre de *Bois de Cerf monſtrueux*, ou *remarquables par des accidents étrangers*. L'on voit parmi ces derniers une Perche de Cerf chevillée de quatre cors : & un procès verbal düement legaliſé conſtate une choſe inouïe, qu'il eſt ſorti des épois du ſang d'une odeur fétide.

Ce morceau singulier est acompagné de plusieurs Cornes, qu'on trouve de tems en tems sur la téte des biches & des liévres. Les bois d'E: lants & de Rennes ont été suspendus contre le mur.

Suivent *deux Cerfs* qu'on a placés prés des croisées. On en trouve une déscription détaillée dans la *Chronique de Dresde de Wecke*; mais cet Auteur se trompe en ce qu'il prétend, que le Cerf blanc n'est qu'enduit de raclure de corne de cerf. Nous sommes nantis d'un acte faisant foi, que l'on y a emploïé deux mille sept cent livres de raclure: ce qui ne permet plus de douter, que toute la figure du cerf n'en soit entiérement composée. Le second Cerf est couvert d'une peau naturelle, & renferme dans la cavité de son ventre une petite pharmacie toute composée de drogues & de remédes que l'on tire de ces animaux.

Les deux entrecolonnements voisins du recueil de bois de cerfs, sont garnies de CORNES & de DENTS *de diferents Quadrupédes*. Notre plan n'admet pas que nous en donnions ici la liste, cependant nous en remarquerons quelques unes des moins communes. Telles sont: les Cornes du Bouctein, & celles d'une espéce singuliére de Béliers, qui sont représentés dans le *Théatre d'animaux terrestres de Nylandus p. 72.* & dans *le Théatre universel de tous les animaux de Ruysch Tom. II. Tab. 22.* Plus des Cornes du Musc ou du Moschus, du Muflon, & de plusieurs Chévres des *Indes* : plusieurs Cornes de Rhinoceros, dont l'une est fort peu saillante, mais trés épaisse, & pése treze livres : une autre a trois pieds trois pouces de hauteur, & une troisiéme est à double perche. L'on trouve une déscription exacte de cette derniére dans *la Dispositio quadrupedum de Mr. Klein.*

Le recueil de DENTS nous fournit d'abord des Dents d'E'léphant, & dans ce nombre une dent du poids de cent vingt sept livres, qui est atachée au mur.

PREMIERE GALERIE D'ANIMAUX. 41

On doit examiner enfuite les Dents de certaines Brebis Napolitaines, que la Nature couvre en aparence de petites feuilles d'or pale : enfin les Dents fort crochües, qui fortent des machoires fupérieures des Babyrouffes des Iles Molucques. On en trouve une belle défcription dans l'*onziéme Volume du Magazin de Hambourg*.

Le plan de cet ouvrage exclud tous les détails plus circonftanciés.

Il nous refte à rendre compte des motifs, qui nous ont engagés à mêler parmi ces effets de la Nature des *objets purement artificiels* : tels qu'une coupe chargée de bas-reliéfs : un cornet à bouquin, & deux fourniments d'ivoire : un baton de comandement à la Polonoife, & une petite taffe faite de corne de Rhinoceros.

Nous favons que ces objets font plutot du reffort d'un Cabinet de curiofités artificielles, que d'une Galerie d'Animaux ; mais il n'eft pas moins conftant que ces fortes de deplacements font toujours une diverfion flateufe à l'atention de ceux, qui aportent dans nos Galeries plus de curiofité que de connoiffances. D'ailleurs on leur enfeigne par ce fpectacle, à quels ufages les productions de la Nature peuvent être employées. Ils voyent ici, ce que c'eft que l'ivoire, & là ils aprenent qu'une corne de Rhinoceros perd entre les mains d'un ouvrier habile fa difformité & fon peu d'aparence.

Plus loin nous trouvons diferentes PARTIES DE QUADRUPÉDES, dont nous remarquerons ici quelques unes des plus rares : 1.) quatre peaux d'Ecureils volants, dont la défcription fe trouve au 5. Vol. des Mémoires de l'Academie de Sciences de Petersbourg, & au fecond Tome du Magazin de Hambourg. 2.) Plufieurs pieds & quelques cornes du Chévreuil d'Akkra, que fon extrême petiteffe a rendu célébre, & qu'on trouve en entier parmi nos Quadrupédes empaillés. 3.) Deux queus d'Eléphant,

L

42 PREMIERE GALERIE D'ANIMAUX.

& 4.) un Baranki d'Aftracan, frifé par flammes, qu'on nous a envoyé fous le nom de *Boramez*, ou de la Brebis-plante. ([13])

C'eft ici que finit le recueil de Parties de Quadrupédes, & que commence la COLLECTION de QUADRUPÉDES ENTIERS. On reconnoit dans leur choix & dans leur nombre un caractére de richeffe & de magnificence, qu'on ne trouve que dans les entreprifes d'un grand Prince.

Nous euffions bien voulu réunir ce beau recueil fous un méme point de vuë. Mais outre que toute la vafte étenduë de la Galerie n'y auroit point fufie, l'expofition du lieu méme s'eft opofée à l'exécution d'un arangement plus méthodique. Preffés par cette double néceffité, nous avons reparti la plupart des Quadrupédes empaillés de la maniére qu'il eft dit cy-deffous dans la remarque 14.).

Le Lecteur nous permetra de ne rien anticiper fur l'ordre où les objets fe fuivent dans nos Galeries, & de remétre par conféquent la défcription de ce recueil jufqu'à ce que notre marche nous aura conduits à l'endroit où il eft dépofé. Cependant fi l'on aime mieux s'atacher à l'ordre naturel des chofes, l'on poura fe fatisfaire en paffant tout d'un coup au détail des Quadrupédes empaillés, qui précéde immédiatement l'article du Modéle du temple de Salomon.

. Nous

([13]) *Les Mémoires* de Mr. de STRAHLENBERG *fur les parties Septentrionales & Orientales de l'Europe & de l'Afie* fourniffent *pag. 401.* une défcription plus étenduë de ces Barankis. D'un autre coté rien n'eft plus faux & plus gratuit que l'idée de KEYSLER, quand il affure dans *la feconde partie de fes Voïages pag. 1071.* que les *Boramez* de Dresde, qu'on prétendoit étre des Brebis-plantes originaires des rives du Wolga, n'étoient que de plantes fpongieufes, de la longueur de fix à huit pouces, qu'on preffoit dans un moule, & à qui l'on tailloit une téte & des pieds, le mieux qu'on pouvoit.

([14]) Les croifées de cette Galeries étant expofées aux plus grandes ardeurs du foleil, cette fituation menaçoit continuellement les animaux empaillés de gerces & d'autre vermine. Il n'en eft pas de méme de la Galerie cottée R, dans le plan du *Zwinger*, où nous les avons placés : le rempart la couvre de fon ombre & la garantit des brulantes ardeurs du foleil.

PREMIERE GALERIE D'ANIMAUX.

Nous rentrons aprés cette réflexion effentielle dans la Galerie que nous avons commencé de parcourir. On y trouve, comme nous avons deja remarqué quantité de *Quadrupédes defséchés & empaillés, & un plus grand nombre d'autres qui font confervés dans l'efprit de vin*. On remarque particuliérement: une Chauve-fouris des Indes d'une grandeur énorme & plufieurs Philandres ou Rats fauvages des Indes, males & femelles. Suivent quelques Pareffeux d'Amérique: une Hermine: une Souris tigrée de noir & blanc: deux Souris, deux Rats & deux Taupes blanches: trois Liévres volans, originaires de la rive droite du Wolga, qui peuvent franchir d'un faut un efpace de quinze aunes: un Chat fauvage d'Amérique: quelques Armadilles: des Diables de Tajova, ou Mangefourmis &c.

On a joint à tout cecy une collection D'EMBRYONS ET DE PARTS MONSTRUEUX.

Il eft incroyable, à combien de caprices la Nature s'abandonne dans la formation des animaux. Cependant nous avons remarqué que la vuë des bétes monftrueufes bien loin d'exciter en nous ces mouvements d'horreur que nous reffentons à l'afpect d'un monftre humain, nous atire plutot, & ne nous caufe que de la furprife & de l'étonnement. Auffi n'avons nous pas jugé néceffaire d'emploïer ici les mémes précautions, dont nous avons fait ufage dans le Cabinet d'Anatomie, de fouftraire ces écarts de la Nature aux premiers regards des fpectateurs.

Nous avons placé vis-à-vis de cette collection une troupe de *Singes*, de *Marmots* & de *Babouins*, par une raifon qui n'échapera pas aux Naturaliftes.

Suit une armoire qui mérite toute l'atention des Connoiffeurs. C'eft un recueil de BE'SOARTS, de CALCULS & D'AUTRES OBJETS EXTRAORDINAIRES, *qu'on a trouvés dans le corps des hommes & des animaux, foit qu'ils y aient été formés, ou qu'ils y foient entrés par des voyes naturelles, ou autres*.

Le peu d'étenduë que nous pouvons donner à cet abregé, nous permet à peine de nommer ce qu'il y a de plus rare dans ce beau recueil.

Nous y raportons d'abord deux Pierres, qui se sont formées sous la langue de deux hommes. Deux autres ont été tirées l'une du coeur, & l'autre de la poitrine de diferentes personnes. Trente Calculs singuliérement figurés, qu'on a découverts dans la véficule du fiel d'une femme morte à Wittenberg. Bon nombre d'autres, qu'on a trouvés dans les reins, dans la veffie & dans la véficule du fiel du célébre Jurisconfulte *Cafpar Ziegler*.

Plufieurs de ces derniers sont d'une groffeur qui fait frémir ; mais ils n'égalent pas le volume de la fameufe Pierre de reins, qui a caufé la mort au feu premier Prédicateur de la Cour, le *Dr. Seligmann* : & celle-ci n'aproche pas de l'énorme Calcul, qu'on a tiré de la veffie du *Général Marchen*, mort à Leipfic en 1745. qui péfe neuf onces & deux gros. Nous pouvons joindre à tout ceci diferents Calculs trouvés dans les reins & dans la veffie d'une fille de cinq ans, d'un garçon de trois ans, & d'un enfant d'une année.

Mais c'eft affés parler des Béfoarts d'hommes : il nous refte à faire mention des *pierres, qu'on a trouvées dans les animaux*.

La premiére place aparticnt de droit à un Hippolithe, ou Pierre de cheval du poids de cinq livres & trois onces : auquel trois Pierres femblables, qu'on a tirées de l'eftomac de diferents chevaux ne le cedent guéres ni pour le poids, ni pour la groffeur. Ces quatre exemples de Béfoarts de cheval fufifent pour en faire connoitre la figure extérieure, qui eft dans la plupart, ou ronde ou oblongue. Un fpectacle plus intéreffant, c'eft celui de la ftructure intérieure de ces pierres, de leur noyau & de l'addition fucceffive de leurs parties. On les diftingue au mieux dans un Calcul de médiocre groffeur, que nous avons fait fendre par le milieu. Il ne faut pas oublier un Hippolithe, qu'un cheval Napolitain des écuries du ROI a rendu en 1746. par le fondement, aprés une maladie de quelques jours.

Nous

PREMIERE GALERIE D'ANIMAUX.

Nous pourions encor parler de diferentes Pierres, qui se sont formées dans la panse des bêtes fauves, des vaches & d'autres quadrupédes ; mais qui n'aprochent ni pour la rareté, ni pour la singularité d'un Béfoart découvert il y a quelques années, dans l'estomac d'un Porc. La nature & la nouriture de cet animal ne favorisent pas la formation des pierres dans son estomac, comme elles la secondent dans la panse des bêtes qui ruminent ; nous croyons par cette raison que les Curieux liront avec plaisir une déscription plus étenduë de cette espéce de phénoméne. La figure de notre Pierre de Porc revient à celle des Hippolithes, & son poids est d'une livre & dix onces. Sa substance mollasse & visqueuse ressembloit d'abord au toucher à du lard, & répandoit une odeur infecte comme du vieux oing ; mais en méme tems qu'elle a pris plus de consistance, elle a perdu peu à peu ces qualités desagréables.

Suivent les *Béfoarts Orientaux* ou proprement dits, qui apartiennent comme l'on sait à la méme classe de Pierres. Il seroit superflu d'entrer dans aucun détail sur les Béfoarts Orientaux du Cabinet du ROI : puisque la haute valeur de cette collection est assés connüe par le récit que *Keysler* en a fait *dans ses Voïages*.

Nous ne dirons rien non plus de plusieurs Pierres énormes, qu'on a tirées des intestins & de la vessie de plusieurs chevaux, ni de quantité d'autres que des vaches, des brebis, des chiens & d'autres quadrupédes ont portées dans leurs reins, ou dans leur vessie. Une seule espéce des plus rares ocupera encore notre craïon : c'est la fameuse *Piedra del Porco*, qui se forme dans la véficule du fiel de certains Porcs-épics. Nous en possédons trois sortes diferentes.

L'usage où l'on est ici d'entretenir des Porcs-épics dans les ménageries, nous a fourni les moïens de fouiller dans nombre de cadavres, & d'y faire des recherches sur la formation de ces Béfoarts.

46 PREMIÈRE GALERIE D'ANIMAUX.

Nos soins long tems inutiles ont produit enfin en 1740. l'effet qu'on en avoit atendu. L'on découvrit dans l'eftomac d'un Porc-épic originaire d'Afrique & agé de neuf ans, une maffe fort dure, mais aprochante à cela prés des Egagropiles, ou des Boules qu'on trouve dans le ventricule des chamois. Le gout en étant d'un amèr auffi agréable, que celui de la *Piédra del Porco*, nous foupçonnames que cette concrétion s'étoit formée du fiel répandu dans le ventricule de l'animal. Mais les pierres que nous trouvames peu d'années aprés dans le ventricule de deux autres Porcs-épics nous inftruifirent, que leur formation ne difere en rien de celle des *Egagropiles*.

Ces derniéres abondent dans notre collection. Il y en a de toute figure & de toutes couleurs : & plufieurs font taillées de maniére, qu'on en peut trés bien diftinguer la ftructure intérieure.

Au deffous de ce recueil fe trouvent quantité de BOULES *qui fe forment d'un amas* DE POIL, dans l'eftomac des boeufs, des vaches, des veaux, des brebis, des cerfs & d'autres quadrupédes. La conftruction de la plupart de ces Boules refute avec la derniére évidence une hypothéfe, que les *Mémoires de Breslau* ont avancée dans les termes fuivants : „ L'on trouve auffi des Boules dans le ventre des boeufs, des „ béliers &c. mais avec cette diference que celles-ci ne confiftent, que „ dans une fimple pelote de poil, *fans aucune croute ou enveloppe.*

Le morceau le plus fingulier qui foit dans ce recueil, c'eft une Pelote de poil affés grande & fort ferrée, qu'un *aigle* a rejettée par le fondement.

Les BOULETTES, *qu'on trouve dans le corps des boeufs & des vaches &c. & qui d'ordinaire font luifantes, comme de l'or*, forment une efpéce toute diferente de celle dont nous venons de parler. Nous poffédons plufieurs fortes de ces Boulettes, & quelques unes font affés bien marquées, pour faire voir qu'à l'imitation des Béfoarts, elles font compofées de plufieurs couches, ou enveloppes fort deliées.

Nous

PREMIERE GALERIE D'ANIMAUX. 47

Nous pouvions faire fuccéder aux Calculs, que la Nature produit dans les inteftins des animaux, la défcription de toute forte de PIERRES E'TRANGERES, QUI EN ONT E'TE' AVALE'ES ; mais ces effets du hazard font trop communs pour mériter une atention particuliére. *Les Aléctoriennes*, ou Pierres de Coq apartiénnent à la méme catégorie : deforte que nous paffons tout d'un coup aux *Objets étrangers qu'un accident plus rare a cachés dans l'eftomac de plufieurs animaux.* C'eft ainfi que l'on a trouvé une grande boucle de fer dans le ventricule d'un loup, & un lévreau dans le ventre d'un bouquet. Ces deux morceaux & une petite fléche d'Indiens qu'on a découverte dans l'eftomac d'une cicogne, peuvent être regardés comme ce qu'il y a de plus curieux dans cette efpéce.

Nous raportons à un genre tout diferent les *Cerveaux* d'un boeuf & d'une brebis *changés en pierre, ou plutot offifiés*. Ces deux morceaux nous paroiffent étre d'une rareté extraordinaire. Nous nous fouvenons cependant que les *Ephemerides Naturae Curioforum* & *Thom. Bartholinus dans fes Hiftor. Anatom.* en ont raporté quelques exemples. ([15])

Il y a peut étre autant de fingularité dans la découverte qu'on a faite *entre la peau & la chair de deux cerfs, d'un affés gros caillou & d'une pelote de cheveaux blancs.*

Tout ce qu'on dit des ARACHNOLITES, ou *Pierres d'Araignée*, eft marqué le plus fouvent, au coin de la plus groffe impofture : & quantité de pierres qu'on montre fous ce nom, paffent avec raifon pour étre fupofées. Cette circonftance nous fait conoitre la haute rareté de quelques Arachnolites indubitables, que nous fommes en état de produire.

([15]) Le fameux ANTONIO VALLISNIERI a épuifé cette matiére dans un traité particulier imprimé à Padoue en 1710. fous le titre de *Confiderazioni ed Experienze intorno al creduto Cerevello di Bue impietrito*.

Nous finiffons cet article par deux piéces tout à fait éxtraordinaires. La premiére eft une *Broffe*, dont on fe fervoit autrefois pour néttoyer l'eftomac; qui s'étant rompüe dans le tems qu'un ftucateur en faifoit ufage, fortit enfin par un abfcès, qui fe forma au deffus de l'umbilic. L'autre eft un *É*'*pi de bled* qu'on a tiré à *Oberndorla*, du bas ventre d'un enfant de dix fept femaines: ainfi qu'il eft prouvé par un procés verbal figné de quatre témoins.

Le recueil dont nous venons de donner un état abregé, nous fournit en dernier lieu plufieurs PIERRES ARTIFICIELLES, que la fraude & l'ignorance raportent parmi les productions de la Nature. Telles font: *1*) Les *Béfoarts factices*, ou *Béfoarts de Goa*. Nous poffédons entre autres un Béfoart femblable qui péfe deux livres & demie. *2*) *Quelques Aftroïtes* proprement *taillées*, qu'on a bien voulu nous envoyer fous le nom de pierres d'araignée & comme d'infignes raretés. Enfin *3*) bon nombre de *Pierres de Serpent*, qu'un excès de credulité fait defcendre de certains ferpents des Indes &c.

La mention que nous venons de faire des Pierres de Serpent fembloit nous devoir conduire au beau recueil, que nous avons formé de ces reptiles; mais nous trouvons devant nous une Collection de Quadrupédes que l'ordre une fois établi nous oblige de parcourir avant celle de Serpents.

Cette *Collection renferme* TOUTES SORTES DE CROCODILES, DE LEZARDS, DE CRAPAUDS ET D'AUTRES ANIMAUX SEMBLABLES, dont la nature nous a fait balancer long tems, quel rang nous leur affignerions dans notre Cabinet. Nous fumes d'abord d'avis de les répartir parmi les Amphibies à la Galerie fuivante; mais nous changeames d'idée, à la vuë des inconvéniens qui naiffoient de l'exécution de ce projet. D'ailleurs c'eut été trop hazarder, que de raporter tous ces Animaux indiftinctement à la claffe des Amphibies: tandis qu'on fait que la plupart d'entre eux habitent ordinairement la terre, & que non plus que les Serpents ils ne fe jettent dans l'eau que par une efpéce de néceffité.

A

PREMIÈRE GALERIE D'ANIMAUX.

A' quoi bon enfin de parfemer l'étude de la Nature d'épines nouvelles & fuperfluës, en multipliant les divifions des êtres ; quand il nous étoit libre de fuivre les traces du célébre *Conrad Gesner*, qui partage tous les *Quadrupédes* en deux claffes uniques, en *Vivipares* & en *Ovipares* ? L'on a vu quelques efpéces de la première claffe à la téte du recueil de Béfoarts : & nous avons prévenu nos Lecteurs, que le refte, c'eft à dire la plus grande partie de cette collection, étoit placée dans la derniére de nos Galeries ; ainfi nous paffons ici à la feconde claffe de QUADRUPÉDES, qui renferme les OVIPARES.

Nous ne fatiguerons pas nos Lecteurs par des fubdivifions peu nécéffaires, & toujours défagréables : nous dirons en peu de mots que les *Crocodiles*, les *Caméléons*, les *Salamandres* & toutes fortes de *Lézards* font rangés à la fuite des Béfoarts.

Ce riche recueil nous fourniroit matiére à quantité de remarques, fi les bornes qu'on nous a préfcrittes nous permettoient de nous y abandonner. Nous nous reftreindrons à ce qui nous paroîtra le plus effentiel.

Les Crocodiles font les premiers en rang : les Alligators & les Caïmans les acompagnent & nous inftruifent du même coup d'oeil de la diverfité qu'il y a entre leurs efpéces. L'on trouve plus loin le fameux Quoggello, qu'on raporte communement à la famille des Crocodiles, & qui eft couvert depuis la naiffance du col jufqu'à l'extrémité de fa quëue, d'écailles pointuës en forme de feuilles d'artichaux.

Tout le recueil eft terminé par un petit Crocodile, qui eft encore enfermé dans fa coque, & qui nous a fait concevoir l'idée de ramaffer des embrions femblables de toutes les efpéces d'Ovipares. Le manque d'efpace nécéffaire nous a forcé de placer parmi les Amphibies, le plus grand de nos Crocodiles. Il eft long de feize pieds, & fa vüe ne ceffe point de caufer une furprife melée de frayeur.

50   PREMIERE GALERIE D'ANIMAUX.

Les familles des *Crapauds* & des *Grenouilles* renferment bon nombre de ces animaux, qui font d'une horrible groſſeur. Nous y avons joint quatorze phioles, remplies d'expériences fur leur diferentes transformations.

La diverſité presqu'infinie des *Lézards*, nous difpenſe d'en raporter ici toutes les eſpéces. Il fufit de dire que les Connoiſſeurs feront toujours fatisfaits de nos richeſſes en ce qu'il y a de plus rare & de plus curieux dans ce genre. (¹⁶) Nous ne remarquons ici qu'un petit Lézard, que la fille d'un bourgeois de cette ville a nourri quelque tems dans fon eſtomac, & qu'elle a vomi enfin en 1741.

Nous finiſſons la déſcription du premier dépot de Quadrupédes par un Lézard originaire de l'Ile de Négrepont. Sa figure toute particuliére & aprochante de celle des Serpents, enchaine, pour ainſi dire, ces deux fortes de Reptiles, & nous conduit au recueil de SERPENTS.

Feu *Mr. de Heucher* nous a laiſſé en manuſcrit un catalogue raiſonné ce beau recueil; nous en extrairons les articles les plus eſſentiels.

Le Serpent raïé de Dagheſtan, le Serpent Argus du Méxique & le Serpent cerclé d'anneaux d'Aſtracan, nous furprennent par le gout & la variété de leur fuperbe coloris. Cet avantage diſtingue ordinairement la race de Serpents, toute déſagréable qu'elle foit d'ailleurs, du reſte des animaux : & s'il fe trouvoit de ces reptiles qui fuſſent privés des beautés originaires de leur famille, on n'en doit chercher la raiſon que dans l'uſage où ils font, de fe dépouiller à de tems reglés de leur foureau naturel.

C'eſt

(¹⁶) Nous eſperons que perſonne ne cherchera dans ce recueil ni des Baſilics, ni des Dragons, avant que d'être bien perſuadé de l'éxiſtence de ces fantomes. Nous produirions en tout cas des Lézards ailés, que l'on fait paſſer quelques fois pour des Dragons: & quant aux Baſilics, nous enſeignerons l'art d'en faire, quand nous ferons arivés au recueil de Poiſſons.

PREMIERE GALERIE D'ANIMAUX.

C'eſt ainſi qu'un Serpent volant de notre Cabinet traine encore au bout de ſa queuë une partie de ſon ancienne peau ſale & bleuatre, tandis que la nouvelle eſt d'un bel azur changeant en colombin.

Les brillantes couleurs du *Serpent Idole*, lui méritent la premiére place dans notre recueil. Il y en a de diférents païs & de diférentes eſpéces. Nous poſſédons la peau d'un Serpent Idole, long de ſix aunes, qui nous eſt venue du Rojaume de Juda en Afrique : quoiqu'il y ſoit défendu ſous peine de la vie, de transporter cet animal, ou de livrer ſon cadavre aux étrangers. Un autre Serpent auquel les ſauvages d'Amérique adreſſent un culte religieux, ſurpaſſe en beauté la divinité Afriquaine, & l'un & l'autre cédent le pas à un troiſiéme Serpent de race Amériquaine au-quel les habitants de ce continent, frappés ſans doute de ſon ſuperbe coloris, rendent des honneurs extraordinaires. Le *Serpent d'Eſculape* apartient auſſi dans cette claſſe : pluſieurs Savants ont cru le reconnoitre dans diférentes ſortes de Serpents ; mais nous ne doutons pas que nous ne l'aïons retrouvé, dans un trés beau Serpent azuré de Panama.

L'air hideux & efroyable de deux Serpents ſuſpendus à la voute, ſert pour ainſi dire, d'ombre à la beauté des autres. Nous remarquons ſur tout un Serpent empaillé long de vingt cinq pieds du Rhin ; & comme cette méſure n'a été priſe que ſur une peau deſſéchée, il eſt certain que la longueur de l'animal en vie doit l'avoir ſurpaſſée. Des-lors le raport, qu'on nous a fait que ce monſtre avoit avalé trois Négres n'a rien qui dut le rendre incroyable. Il y a plus : nous pouvons produire un Serpent commun de médiocre taille, qui a devoré toute une grenouille, de maniére que la tête en paroit encore dans ſa gueule. Un autre Serpent de Surinam extrémement mince porte une chauve-ſouris dans ſes entrailles entrouvertes, & un Serpent volant auſſi delié que les deux précédents, y fait voir un aſſés gros rat.

PREMIERE GALERIE D'ANIMAUX.

Si nous comparons ces exemples à la cataſtrophe des trois Négres, les loix de la proportion ajouteront à celle-ci un nouveau degré de probabilité ; & le fait en lui méme ceſſe d'être douteux, ſi nous voulons bien ſupoſer que ces malheureux ſont devenus ſucceſſivement la proïe de leur monſtrueux ennemi.

La famille des Serpents volants nous en fournit un qui eſt originaire de l'Ile de Ceylan, & dont la robe eſt rayée d'or, d'argent, de verd & de rouge. Le Serpent volant de Surinam dont nous avons parlé cy-deſſus, eſt traverſé dans toute ſa longueur de bandes bleues & noires.

Suit un ſerpent trés remarquable, que le catalogue de *Mr. de Heucher* déſigne par le nom de Serpent Chanteur. Ce caractére tout ſingulier qu'il eſt, s'apuye ſur le témoignage de pluſieurs perſonnes dignes de foi, qui aſſurent méme d'avoir entendu le chant de cet animal, ou plutot ſes ſiflements mélodieux. Nous avons reçu du Méxique un Serpent à chaines, qu'on prétend étre de l'eſpéce des Serpents Chanteurs. L'on peut conſulter ſur cette matiére *L'Ophiographie de Lutzius, & l'Hiſtoire générale des Voïages Tom. X. Livre II. pag. 463.*

L'Ile de Ceylan produit une muſiciénne encore plus habile : c'eſt une Vipére à ſonettes & au muſeau retrouſſé, qui s'acompagne en chantant d'une eſpéce de caſtagnettes qu'elle porte au bout de ſa queue.

Cette petite béte nous rapelle le fameux Serpent à ſonettes. On l'apelle ainſi d'un aſſemblage de pluſieurs vertébres rondes & creuſes, qui ſemboêtent l'une dans l'autre ; de maniére que leurs articulations demeurant libres & flexibles, elles compoſent une eſpéce de caſtagnettes, que le moindre mouvement de l'animal fait réſonner avec un bruit éclatant. On trouve tans notre Cabinet bon nombre de ces caſtagnettes outre trois Serpents à ſonettes entiers ; mais nous n'oſons pas décider, ſi le nombre des vertébres eſt toujours une marque bien certaine de l'age de cet animal.

Au

PREMIERE GALERIE D'ANIMAUX.

Au refte l'on ne peut affés admirer la fage prévoïance de la Nature qui fait porter ces crécerelles au plus dangereux des ferpents, & l'oblige de s'anoncer lui méme, pour faciliter aux hommes & aux animaux les moyens d'éviter fa rencontre.

C'eft ici le lieu de parler du *fameux Bitin* de l'Ile de Ceylan. Le dos de ce ferpent eft couvert d'écailles mobiles, qui rendent un fon aigu, quand il les redreffe. Le hazard nous a procuré un Bitin dont les écailles font actuellement relevées, tandisqu'un autre les porte abatües & fe préfente dans fon atitude ordinaire. Nous y joignons une Vipére de Surinam qui fait claquer fes machoires, quand elle eft menacée de quelque danger.

Quoique le détail où nous fommes entrés fur les Serpents & les Vipéres du Cabinet du ROI, furpaffe déja les bornes de cet ouvrage, nous nous ferions cependant fcrupule de dérober aux Curieux la connoiffance des efpéces fuivantes. Nous nommons en premier lieu les *Serpents cornus*. Les Auteurs font fi peu d'acord fur leur figure, & ils les dépeignent avec des couleurs fi finguliéres, qu'on feroit en droit de douter de leur exiftence, fi nous n'avions pas reçu d'Afrique une Vipére effectivement cornüe. Il eft vrai que fes cornes n'ont rien de commun ni avec les cornes de bouc, ni avec les bois de cerf: c'eft en quoi elles diferent effentiellement des cornes de Serpent fourchües, qu'on étale fous ce nom dans la plus part des Cabinets, ou fous celui de Couronnes de Serpent. Mais de quelle maniére qu'on les qualifie, on n'effacera jamais le caractére d'impofture, dont elles portent l'empreinte. On n'a méme qu'à jetter les yeux fur une efpéce d'écreviffes qu'on apelle des Squilles, pour étre convaincu, que les fameufes couronnes, ou cornes de ferpent ne font pas autre chofe que des pinces de ce petit animal. La Vipére cornüe dont nous parlons, peut avoir deux pieds de longueur: fa peau eft d'un gris cendré & mouchetée de petites taches noires & blanches. La téte eft plate, d'une figure triangulaire, & relevée au deffus des yeux par une belle paire de cornes; mais qui font molles, flexibles, & telles à peu prés que les cornes des limaçons.

O Cet

PREMIERE GALERIE D'ANIMAUX.

Cet exemple met en évidence qu'on trouve des serpents cornus; mais nous aurions tort d'assurer la même chose des *Serpents couronnés*. Il est vrai la Nature a tracé sur la tête de plusieurs serpents des figures assés semblables à des couronnes: tel est entre autres notre Serpent Roïal de Russie, qu'on a pris sur les bords de la riviére de Jaick; mais qu'un serpent, ait jamais porté sur sa tête une excrescence en forme de couronne, c'est un fait inconnu à tous les Naturalistes. Nous avoûrons même que la Couronne qu'on voit sur la tête d'un serpent de notre Cabinet, n'est qu'une dent de marcassin ajustée avec beaucoup de délicatesse.

Le recueil que nous avons devant nous renferme quantité d'impostures semblables, qui ne diferent entre elles que par leur plus ou moins de volume & de beauté, où par la diversité des couleurs & de leur figure. Nous remarquons sur tout une dent assés petite & d'une blancheur éclatante, qu'on nous a fait parvenir avec un magnifique avertissement, dont voici la traduction.

„ Cette Couronne a été déposée par une vipére blanche, trois ans
„ aprés qu'elle eut été prise sous un coudrir. C'est un reméde souve-
„ rain contre la peste & contre toute sorte de poisons & enchantements,
„ elle préserve de l'apoplexie & guérit radicalement du haut mal."
Comment aprécier assés un spécifique aussi merveilleux!

Un Prince des plus illustres a bien voulu enrichir notre Cabinet d'une autre Couronne de Serpent à qui l'on a donné la forme d'un gobelet. Ce présent fut acompagné du billet suivant.

„ Ce gobelet est de la Couronne d'un Serpent Oriental, lequel a
„ été fort long tems dans le trésor de - - - Cette piéce rare, antique
„ & précieuse fut prise par - - - Il est à remarquer que cette Couronne
„ doit avoir de vertus toutes extraordinaires & que dans toute l'Europe
„ il n'y en a que deux à trouver, celle-ci & une autre de même, qui
„ se trouve dans le trésor du Grand Seigneur."

Rien

PREMIERE GALERIE D'ANIMAUX.

Rien n'est plus brillant que cette déscription : cependant les yeux perçants d'un Connoisseur découvrent sans peine au travers de ce beau voile, que cette piéce tant vantée n'est faite que de corne de Rhinoceros.

Il nous reste à dire un mot des Serpents, qui engendrent dit-on dans leur téte les fameuses *Piedra de Cobra*, ou Pierres de Serpent, dont nous avons fait mention cy-dessus. Ces Serpents sont connus sous plusieurs noms, & particuliérement sous celui de *Cobra de Capello*, & de *Serpents à lunettes*. On les trouve dans presque tous les Cabinets; ainsi il seroit superflu de raporter ce qu'ils ont de singulier dans leur figure. Nous pouvons à plus forte raison nous dispenser de réfuter les préjugés vulgaires sur la formation de certaines pierres qu'on prétend trouver dans la téte de ce serpent ; mais dont la nature & la composition n'ont pas échappées aux recherches des Connoisseurs. Il sufit de dire que les Curieux trouveront ici bon nombre de *Piedra de Cobra* & plusieurs Serpents à lunettes.

Le recueil de Reptiles est lié naturellement avec la collection d'INSECTES qui le suit. Nous l'avons distribuée en trois classes : La premiére renferme les Insectes rampants, la seconde classe contient ceux qui ont des pieds, & la troisiéme les Insectes ailés.

Nous excéderions les bornes de cet ouvrage, pour peu que nous entreprissions de détailler la diversité merveilleuse des genres & des espéces de ces animaux.

Nous remarquons en général, qu'un recueil de *Papillons de Surinam*, & une collection de toutes sortes d'*Escarbots* & de *Sauterelles étrangéres* ([17]) se distinguent dans cette partie. On pourra se former une idée de la beauté singuliére de ces derniers Insectes, au moyen de quelques figures que le celebre *Mr. Röfel de Rosenhof* en a gravées & qu'on trouve dans ses *Amusements sur les Insectes*.

([17]) Les Curieux verront sur tout avec plaisir diferentes sortes de *Lanterniers* & quelques *Feuilles errantes*.

PREMIERE GALERIE D'ANIMAUX.

Nous devons à la bonté généreuse du PRINCE ROIAL ELECTORAL DE SAXE tout ce qu'il y a de plus rare & de plus choisi dans ce genre.

Emule des vertus de SON AUGUSTE PERE & Heritier de SON amour pour les beaux arts, SON ALTESSE ROIALE a enrichi entre autres ce Cabinet d'un recueil trés curieux, qu'un Connoisseur infatigable a formé d'Insectes, qu'on trouve aux environs de Leipsic.

Les *Scorpions* comparoissent parmi *les Insectes que la Nature a pourvus de pieds*. Nous possédons à présent cinquante six de ces animaux dangereux, la plupart de diferentes espéces trés bien caractérisées, & où l'on distingue sans peine leur aiguillon pernicieux.

Un recueil d'*Araignées* vient à la suite des Scorpions, & fournit aux Curieux un bel assortiment de *Tarantules*.

Quoique rien ne soit plus commun que *les Toiles d'Araignées*, nous ofrons néanmoins à l'examen des Connoisseurs une Toile d'Araignée d'Astracan qu'on peut dire extrémement singuliére. Nous lui associons un autre tissu tout semblable, que le hazard a fait découvrir dans une fariniére.

Il ne nous reste plus qu'une derniére remarque à faire, qu'outre un nombre prodigieux d'*Insectes*, ce recueil renferme aussi généralement *tout ce qui peut avoir quelque raport à ces animaux:* comme des rayons de miel, où l'on voit l'apartement de la Reine des Abeilles &c.

La derniére classe de nos Insectes étant celle d'*Insectes ailés ;* nous ne pouvions mieux faire que de ranger à leur suite le magnifique recueil D'OISEAUX, qui ocupe ce qui reste de cette Galerie.

La Nature y déploye ses plus grandes beautés ; mais elles sont aussi le plus assujétties à la déstruction; quelque soin qu'on puisse se donner pour les préserver de la dent des gerces & d'autre vermine.

On

PREMIERE GALERIE D'ANIMAUX. 57

On s'est efforcé de rassembler dans cette collection les pairs de tous les Oiseaux qui habitent nos climats, & le plus d'Oiseaux étrangers, qu'on a pu découvrir.

Une pyramide garnie de glaces, nous présente cinquante Oiseaux, originaires d'Amérique. ([18]) Nous ne connoissons rien dans tout ce genre d'animaux qui aprochat de la beauté de ce spectacle : excepté un Faisan de la Chine, dont le plumage est nuancé des plus superbes couleurs ; ([19]) & quelques Oiseaux, que nous avons reçus de l'Ile de Ceilan, & du Royaume de Bengale : aux quels un Rouge-gorge d'Amérique peut servir de pendant.

Suivent diferentes espéces d'Oiseaux de Paradis. Il sufit de les voir pour être convaincu, que c'est faire injure à ces animaux que de les représenter sans pieds. L'on n'en trouve point il est vrai, à plusieurs qui font partie de notre recueil ; mais la raison ne sauroit être plus simple : c'est qu'ils ont été arachés ; soit pour faciliter l'embalage des Oiseaux, soit par complaisance pour les Dames Indiennes. On sait qu'elles se servent des Oiseaux de Paradis en manière d'éventail, & il seroit à craindre quelles ne s'y blessassent si l'on n'avoit soin d'en retrancher les ongles & les serres.

Il y a une espéce de ces animaux, qui porte le nom de Roi des Oiseaux de Paradis, & qui mérite sur tout d'être remarquée : on en trouve la figure & une exacte déscription dans l'*Ornithologie de François Willughby Tab. 77.*

P   Les

([18]) Nous n'oserions pas assurer, que dans ce nombre il n'y ait plusieurs Oiseaux d'espéce Africaine. Du moins est il certain, qu'on trouve au Sénégal des oiseaux au plumage couleur de feu & d'azur, & d'autres dont le bec est aussi long que tout le reste de leur corps.

([19]) On peut voir la figure enluminée de ce faisan au *3. Vol. de la Natural History of Birds d'Eleazar Albin Tab. 36.* mais tout l'art de l'ouvrier n'a pu qu'exprimer foiblement les beautés merveilleuses de la Nature. *Mr. Linnaeus* en a fait une déscription plus exacte *au premier Volume de ses Amoenitates Academicae pag. 282.*

PREMIERE GALERIE D'ANIMAUX.

Les Peroquets, les Corbeaux des Indes & les Papegauts huppés ne brillent pas moins que les Oiseaux précedents, par la beauté singuliére de leur plumage.

Mais à quoi bon de parcourir des climats éloignés pour trouver des Oiseaux habillés des plus riches couleurs : tandisque l'Europe, & notre Saxe même nous en fournissent bon nombre que la Nature a doués d'un éclat distingué.

Qui n'admireroit pas nos Piroles ou Loriots, nos Alcyons, nos Corneilles bleues, les Geais bleux, les Grives de Bohéme, les Piverts, les Epeiches, les Chardonnerets, les Merles rouges, les Hupes & les Roitelets ? Ces derniers joignent à un plumage exquis une petitesse qui les distingue de tous les Oiseaux d'Europe ; cependant elle n'aproche pas de celle du Colibri, & de l'Oiseau mouche, que les Saggamores & quelques autres Nations d' Indiens ont coutume de porter en guise de pendants d'oreille. L'on peut consulter sur ces bestioles, dont nous possédons diferentes espéces, *le premier Tome du Spectacle de la Nature, & le second Volume des Considerations Cosmothéologiques de Mr. Walpurger.*

Nous leur oposons une belle collection d'Oiseaux, qui excellent du coté de la grandeur : comme des Autruches, des Emées, des Pélicans, des Grües, des Flamingos, des Aigles & des Coqs de bruyére.

Il nous reste à dire un mot de plusieurs *Curiosités extraordinaires, qui font partie de ce recueil.*

Il est parlé d'un *Phénix empaillé* dans un ouvrage de *Mr. Beutel,* que nous avons allegué cy-dessus. Cette merveille prétendue étant passée depuis dans notre Cabinet, elle y est dévenue le premier objet de la curiosité de tous ceux qui en ont quelque connoissance.

Nous

PREMIERE GALERIE D'ANIMAUX.

Nous avons trop de bonne foi, pour ne relever pas ici le récit fabuleux qui les féduit. Quelqu'endommagé que foit aujourd'hui le Phénix de *Mr. Beutel*, il ne l'eft pas au point de nous faire méconnoitre le *Kinki*, ou la Poule dorée de la Chine, dont on trouve la défcription au *fixiéme Volume de l'Hiftoire générale des Voïages, Liv. 2. Chap. 7. p. 488.*

Nous affocions au *Kinki* quelques autres Oifeaux peu communs & finguliers : comme des Perdrix blanches de Saxe, des Corneilles & des hirondelles blanches, des Pafferaux blancs, une Colombe heriffée de plumes pointües, un Faifandeau monté fur trois pieds, un Poulet qui en a quatre & deux têtes, un Poulet armé de trois becs : & un Dindonneau à quatre pieds, dont deux font de figure naturelle, le troifiéme reffemble aux pieds des grües, & le quatriéme eft un pied de moineau.

A' la fuite de ceci viennent les *Parties d'Oifeaux rares & curieufes*, dont les unes font de triftes débris d'une ancienne collection d'Oifeaux, que le tems & les gerces ont détruite, & les autres nous ont été envoïées dans l'état où elles fe trouvent. On y remarque des Griffes & des Serres extraordinairement figurées : quelques têtes d'un oifeau de l'Ile de Java, qu'on apelle la Trompette : plufieurs plumes du *Dunckfone*, ou Paon-caille de la Chine, & une maffe de Héron, telle que les Monarques Indiens ont coutume de porter en place de Diadême.

Au recueil de NIDS D'OISEAUX, qui eft trés abondant, l'atention des Curieux fe partage d'ordinaire entre les Nids de certains Oifeaux des Indes, qu'on fert fur la table des Grands, ([20]) & ceux des Colibris, des Loriots, des Serins, des Alcyons & des Rémices, ou Serins de Rome.

([20]) L'on peut confulter *ici le premier Tome des Confiderations Cosmothéologiques du favant Mr. Walpurger*, où il a ramaffé avec un choix trés judicieux, tout ce qui a du rapport à cette matiére.

Une collection d'OEUFS D'OISEAUX, la plus complette qu'on puisse voir, termine cette Galerie.

Nous ne dirons rien des Oeufs de structure reguliére: & quant à ceux qui se distinguent par quelque singularité, nous ne remarquons: 1) qu'un Oeuf de poule qui a la figure d'une calebasse, & un autre qui ressemble, on ne peut mieux, à une petite boule arondie au tour. 2) Un Oeuf de poule de couleur Isabelle. 3) Plusieurs Oeufs, atachés & comme colés ensemble. 4) Deux Oeufs de poule, dont l'un est de figure ordinaire & l'autre est tant soit peu oblong, au milieu desquels la Nature a formé deux autres Oeufs, plus petits que ceux qui leur servent de foureau. 5) Un Oeuf de poule de la grandeur d'une noix, à qui les moindres sécousses font rendre un bruit semblable à celui d'une pierre, qui s'y trouveroit renfermée.

Nous n'oserions afirmer, que cette piéce singuliére, fut celle là méme, que les *Mémoires* de *Breslau* du *Mois de Juin 1722.* ont dépeinte; cependant il est certain, que tous les traits de cette déscription se raportent exactement à l'Oeuf dont nous venons de parler.

Enfin nous possédons un Oeuf de poule à triple moyeu & plusieurs autres qui n'en ont point du tout.

Nous passons sous silence les SQUELETTES D'OISEAUX de toute grandeur, qu'on voit au méme endroit.

L'espace

SECONDE GALERIE D'ANIMAUX. 61

L'espace qu'on a menagé entre la Galerie, qui finit ici, & une autre longue de soixante quinze aunes, où nous allons entrer, sert pour ainsi dire, d'avant scéne au

Théatre d'Animaux Aquatiques

qui se présentera bientot à nos yeux. Nous y avons suspendu plusieurs *Parties osseuses des Baleines*, comme des côtes, des mandibules & sur tout un crane, dont il est fait mention dans l'*Historia naturalis Piscium de Mr. Klein*, *Missu II. p. 29.*

La vuë de ces masses énormes nous fait juger sans peine de la grandeur prodigieuse des monstres à qui elles ont apartenu.

D'autres dépouilles de la Baleine sont placées à l'entrée de la Galerie d'Animaux Aquatiques. L'on y voit les fanons, ou les barbes, qui sont enchassées dans le palais de cet animal, & qu'on emploïe à diferents usages sous le nom de *baleine* : quelques dents d'une espéce particuliére de Baleines: un verre rempli de blanc de Baleine: une nageoire, & six balénas; à l'un desquels, qui est long de six pieds, l'on a ataché deux prétendus testicules assortissants.

Suivent trois parties plus volumineuses de la Baleine, savoir : deux palerons & une vertébre. Celle-cy avoit été rangée cy-devant parmi les squelettes de quadrupédes, sous la cotte : *vertébre d'un Eléphant;* mais nous avons été convaincus, par le *Museum Kircherianum de Bonnani pag. 272.* & par la planche qui s'y raporte, que c'est effectivement une vertébre de la Baleine que les Italiens apellent *Capodoglio*.

L'on a vu cy-deſſus par quelles raiſons nous avons été obligés de ſéparer en deux le recueil d'AMPHIBIES. Ce qui en reſte, eſt placé à la téte de la collection de toutes ſortes de Poiſſons deſſéchés, ou empaillés, ou conſervés dans des phioles remplies d'eſprit de vin.

Un Crocodile efroïable, (²¹) dont on a déja parlé, ouvre la ſcéne. L'on trouve enſuite: un Caſtor d'une blancheur éclatante: un Veau marin, qu'en 1634. l'on a pris dans l'Elbe, à un mille & demi de Dresde: deux jeunes Hippopotames, (²²) & le crane avec les machoires de deux autres de ces animaux de taille parfaite.

Plus on eſtime les dents d'Hippopotame (²³) à cauſe de la grande utilité qu'on en rétire, plus nous avons eu de ſoins de nous en pour-voir. Elles reſſemblent parfaitement aux défenſes d'un gros ſanglier. Nous en poſſédons quelques unes d'une belle grandeur, qui nous ont été procurées par le célébre *Mr. Gmelin*.

Suit

(²¹) On a cru faire plaiſir aux Curieux, en plaçant à coté de lui un Ichneumon, ou rat d'E'gypte, qu'on prétend être l'ennemi naturel de toute la race de Cro-codiles.

(²²) Nous obſervons en paſſant, que l'Hippopotame porte indiféremment chés les Auteurs le nom de Boeuf marin. Cependant les meilleurs Naturaliſtes préfe-rent celui d'Hippopotame & de Cheval marin, ou de riviére. Au reſte le peu que nous venons de dire de nos deux Hippopotames, refute en plein la ga-ſconade d'un *Gazettier*, qui aſſura l'année paſſée, qu'excepté l'Hippopotame de Leyde, & une tête de Cheval marin, qu'on voit dans un autre Cabinet, nulle Galerie d'Hiſtoire Naturelle ne pouvoit ſe glorifier de poſſéder aucune dé-pouille d'un Cheval de riviére.

(²³) Il eſt démontré que ces dents ſurpaſſent infiniment le morfil en blancheur & en ſolidité: & l'on prétend même qu'elles ſont un ſpécifique excellent con-tre la ſciatique, contre la toux & contre toute ſorte de ſpasmes. Au reſte l'on avance bien gratuitement *au troiſiême Volume de l'Hiſtoire géné-rale des Voïages Liv. VII. Chap. 21. pag. 327.* que l'éclat de ces dents ne ſe terniſſoit jamais. Nous avons un bocal orné de figures en relièf qui eſt fait d'une dent d'Hippopotame & qui ne fournit que trop de preuves du con-traire.

SECONDE GALERIE D'ANIMAUX.

Suit un grand morceau d'une peau de *Walrus*, ou de Vache marine, qui eft fameufe par fon extréme dureté : & plus loin un échantillon des pierres qu'on croit trouver dans la téte du Lamentin. (24) Le tout eft terminé par un beau recueil de TORTÜES de Saxe & des païs étrangers. L'on y voit entre autres dépouilles de ces animaux, quelques écailles d'une grandeur prodigieufe qui nous font venües des Indes Orientales, & bon nombre d'Oeufs de Tortüe.

Nous arivons enfin à une collection immenfe de POISSONS ENTIERS ET NON MUTILÉS. Nous ne parlerons que de ceux, qui nous ont paru mériter une atention particuliére.

Un beau *Narval* ocupe la premiére place avec d'autant plus de juftice, que peu de Cabinets fe peuvent glorifier de poffèder ce poiffon tout entier.

Nous ne difcuterons pas ici, fi l'arme torfe & canelée, qui fort de la machoire fupérieure du Narval eft effectivement une corne, ou fi ce n'eft qu'une efpéce de dent, ou de défenfe.

Nous ne déciderons pas non plus, fi ces animaux ne portent pas éffentiellement deux dents ou cornes femblables : & s'il n'eft pas à fupofer, que ceux, qu'on a vus avec une feule dent, avoient perdu l'autre, par un accident étranger, ou par une revolution climatérique & atachée à de certaines époques de leur vie.

---

(24) Il eft démontré, que ces pierres prétendües ne font que des concrétions offeufes, & la vuë de celle que nous poffédons ne permet plus d'en douter. On peut auffi confulter fur ces pierres, & fur les autres parties du Lamentin, lés *Nouveaux Mémoires de Petersbourg Tom. II. Le XI. Volume du Magazin de Hambourg*, & fur tout *le fecond Miffus Pifcium de Mr. Klein*. Ce dernier refute en méme tems, les fentimens fouvent contradictoires, de quelques autres Phyficiens, qui fe font fcrupule de ranger le Lamentin parmi les Amphibies.

Au moins eft il certain qu'il s'eft trouvé des Narvals armés de deux cornes: & les Auteurs même, qui ne leur en prêtent qu'une feule, font fi peu d'acord entre eux, que par une contrarieté de fentimens trés favorable à l'opinion opofée, ils placent cette corne unique, les uns du coté droit de la machoire fupérieure, & les autres du coté gauche. Quoiqu'il en foit, le Narval empaillé du Cabinet du ROI, n'eft armé que d'une feule dent ou corne. C'eft le même qu'on a vu à Hambourg en 1736. & dont *Mr. Anderfon*, nous donne la figure & une défcription fort étendüe dans *fa Relation de Groenland*. (²⁵)

C'eft ici le lieu de parler d'une prétendüe merveille extraordinaire, dont *Wecke* & *Beutel* nous ont laiffé la défcription qui fuit.

„ Ce qui s'y diftingue le plus, *dans l'ancien Cabinet de Curiofités*
„ *Artificielles*, c'eft une fuperbe corne de Licorne fort liffe & parfaite-
„ ment blanche. On la tient fufpendüe à une grande chaine d'or, par
„ ce qu'étant trés authentique elle eft eftimée au de-là de cent mille
„ écus. C'eft un antidote fouverain pour les hommes & pour les beftiaux
„ contre toute forte de venins. Un lézard s'étant gliffé dans l'eftomac
„ d'un homme, il y mit bas toute une couvée de petits. On s'avifa en-
„ fin de faire prendre au malade une prife de raclure de cette corne, & l'effet
„ en fut tel, qu'il vomit incontinent le lézard & toute fa nombreufe fa-
„ mille. On a pareillement éprouvé fa vertu fur deux chiens, aux quels
„ on avoit fait avaler une dofe égale de poifon: l'un créva fur le champ,
„ & l'autre fut fauvé, au moyen d'un peu de raclure de la corne de Li-
„ corne. „

Les

(²⁵) Par une bévuë affés ordinaire & qui n'impofe plus aux Connoiffeurs, le graveur a repréfenté la dent du coté droit de la machoire fupérieure, quoiqu'en effet elle foit placée du coté gauche; ce qui confte auffi par le texte de *Mr. Anderfon*. Une autre défcription plus détaillée de ce poiffon avec fa figure exactement deffinée, fe trouve dans le *Commercium Litterarium de Nurenberg*, année *1736. pag. 171.*

SECONDE GALERIE D'ANIMAUX.

Les charlataneries, & les impoſtures groſſieres, aux quelles les Anciens ont fait ſervir ces productions de la Nature, ne ſont plus de faiſon aujourd'hui, qu'on a apris à diſtinguer le vrai du fabuleux. D'ailleurs pour peu qu'on examine la grande merveille de *Wecke* & de *Beutel*, on reconnoit que c'eſt une dent de Narval fort ordinaire, qu'un ſourbe paſſablement maladroit a liſſée & polie, ([26]) afin de pouvoir l'atribuer plus ſurement à un quadrupéde, qu'on n'a jamais vu, & qui n'éxiſte peut étre que dans l'imagination de quelques Auteurs.

L'analyſe des prétenduës cornes de Licorne nous a menés ſi loin, qu'à moins de nous écarter abſolument de notre but, nous ne pouvons pas nous aréter à bon nombre de dents de Narval, les unes prodigieuſement grandes, & les autres fort petites, qui ſe trouvent encore dans notre Cabinet.

Nous paſſons à une autre eſpéce de Poiſſons des plus remarquables: c'eſt la Lamie ou le grand Chien de mer. Deux raiſons la rendent eſſentiellement digne de notre atention. L'une ſe fonde ſur une hypothéſe aſſés vraiſemblable, que ce fut une Lamie qui dévora le Prophéte Jonas: l'autre ſe raporte aux dents de ce Poiſſon, qui peuvent ſervir de preuve & d'éclairciſſement à ce que nous avons remarqué cy-deſſus, de la nature des *Gloſſopetres*, ou des dents de ſerpent. ([27]) Suit un Dauphin trés noir, ſur le quel les ſculpteurs & les peintres pouroient réformer la figure chimérique qu'ils ont coutume de donner à ce poiſſon. Les derniers en rang ſont la Scie & le fameux Eſpaton, que ſes armes terribles font dominer, pour ainſi dire, ſur tous les habitans des eaux, & lui ont mérité le ſurnom d'Empereur.

R   Nous

([26]) Mr. *Anderſon* parle d'une eſpéce de dents ou de cornes liſſes & droites qu'on a fait voir à Hambourg. Il ſupoſe que ce ſont des cornes d'une Licorne de mer: ne ſeroient elles pas dans le même cas, que la dent de Narval que nous venons de demaſquer?

([27]) Il ſufit pour en être convaincu, d'examiner avec un peu d'atention les mandibules de deux autres Lamies, qui acompagnent celle dont nous venons de parler.

Nous en avons plufieurs efpéces de grandeur diferente: outre bon nombre de dépouilles de ce poiffon, parmi les quelles fe trouve l'arme d'un Efpadon, qui fut pris en 1713. prés de Louïsbourg, en préfence de Charles XII. Roi de Suede.

Il nous refte quantité d'autres Poiffons cétacées, que les bornes de cet ouvrage ne nous permettent pas de paffer en revuë.

L'arangement méthodique, que nous avons établi, nous conduit de là à des *Poiffons d'un moindre volume.* Nous trouvons d'abord la fameufe Torpille, Poiffon de mer qui jette une humeur fi froide, qu'elle engourdit la main de ceux qui le touchent, foit avec la main ou feulement avec un baton: cette crampe faifit fucceffivement toutes les autres parties du corps humain, fi l'on ne fe hate pas de lâcher prife, ou de retirer la canne. ([28])

Les Auteurs ne font pas d'acord fur la figure de ces Poiffons; de forte que l'on pouroit conjecturer, quil s'en trouve diferentes efpéces. D'ailleurs il eft parlé *au fixiéme Volume du Magazin de Hambourg* de certaines Lamproïes, dont l'atouchement produit un effet tout à fait femblable à celui de la Torpille. Les Torpilles du Cabinet du ROI font de l'efpéce la plus connuë, & tiennent beaucoup de la Raïe: qui eft peut-être le Poiffon de la figure la plus bizare, qu'on puiffe imaginer. Notre Cabinet nous en fournit plufieurs de diferentes efpéces: ainfi que des Ovaires de Raïes, dont la ftructure répond à la fingularité de cet animal.

Mr.

([28]) La vérité de ce fait eft conftatée pour l'*Auteur des Voïages de l'Amiral Anfon.* „J'ai moi méme refenti, dit il, un affés grand engourdiffement dans „le bras droit pour avoir appuyé pendant quelque tems ma canne fur le corps „de ce poiffon, & je ne doute pas que l'effet n'en eut été plus violent, fi „l'animal n'avoit déjà été pret d'expirer: car il produit cet effet à méfure „qu'il eft plus vigoureux, & il ceffe d'en produire des qu'il eft mort. On „peut en manger fans aucun inconvénient.

SECONDE GALERIE D'ANIMAUX.

Mr. *Ruyſch* a fait graver des Raïes & leurs Ovaires dans ſon *Théatre univerſel de tous les animaux.*

Nous nous ſommes engagés cy-deſſus dans la remarque 16. d'enſeigner à nos Lecteurs, le ſecret de faire des Baſilics. C'eſt ici le lieu de nous acquitter de notre promeſſe. Rien n'eſt au reſte plus aiſé que cet art; les monſtres dangereux, qu'on voit dans la plupart des Cabinets d'Hiſtoire Naturelle, ne ſont que des Raïes ajuſtées & masquées, ſi l'on peut le dire, au gré des Auteurs qui ont décrit les Baſilics. ([29](#))

Suivent les Poiſſons volants, les Lunes de mer, les Poiſſons de coffre, les Diables de mer, les Poiſſons à deux têtes, les Vives, les Perroquets de mer, les Zigénes ou Pantoufliers, & les Poiſſons dorés, & argentés de la Chine, que nous nous contentons d'indiquer, & dont la figure eſt des plus ſurprenantes.

Les Anciens ſe ſont bercés de l'idée, que les Succurs, ou les Remores ([30](#)) pouvoient arêter en ſa courſe un gros vaiſſeau navigeant à pleines voiles, quand elles s'y atachoient. Cette fable a rendu les Remores l'objet de la curioſité du public: cependant on reconnoit ſans peine à la premiére vuë de ces animaux, que les forces réunies d'un milliard de Remores ne ſufiroient pas pour une entrepriſe de cette nature.

R ij Nous

([29](#)) On peut conſulter ſur cette matiére les *Mémoires de Breslau du Mois d'October 1721. & du Mois de Mai 1723.*

([30](#)) Quelques Auteurs ont donné aux Remores le nom de Lamproïes de mer, trompés ſans doute par une qualité commune aux Remores & aux Lamproïes de s'atacher fortement à tous les corps durs qu'elles rencontrent, en y apuïant le deſſus de leur tête, que la Nature a aplatie à cet effet, & traverſée de quantité de ſillons. Cependant on n'a qu'à comparer les Remores aux véritables Lamproïes, que le Cabinet du ROI nous fournit, pour connoitre tout d'un coup qu'il y a une diference eſſentielle entre ces deux ſortes de Poiſſons.

Nous remarquons plus loin des Poulpes, ou Polypes, des Séches & toutes les autres espéces de Poissons, qui répandent à l'aproche de quelque péril, une liqueur noire & épaisse, dont l'effet est de rendre l'eau opaque, & de les soustraire par ce moïen aux yeux de leurs ennemis.

Rien n'est plus commun que les Merluches; cependant comme nous ne les recevons ici que tronquées & desséchées, l'on verra sans doute avec plaisir des Merluches entieres & conservées dans leur figure naturelle.

Il nous reste à parler d'un recueil de *Poissons monstrueux*. L'on y trouve une Carpe, dont la téte est d'une grandeur démésurée: un Barbeau trés singulier, qu'on nous a vendu sous le nom de Roi des Barbeaux, & que *Mr. Klein* a fait graver dans le *cinquième missus de son Histoire des Poissons, planche 14*.

Nous découvrons prés de là une *Excrescence osseuse* de la grosseur d'un poing, & d'une figure tout à fait singuliére qui s'est formée sur la téte d'une Carpe. (³¹) L'on y a joint une *Masse bésoartique*, qu'on prétend avoir tirée de la téte d'un Poisson inconnu de la mer Caspienne.

Il sufit de ce que nous venons de dire de ces deux concrets pour faire juger, qu'ils n'ont aucune affinité, ni de ressemblance avec les Pierres de Lamentin. Ils ne diferent pas moins des *Pierres de S. Pierre*, & des *Parties osseuses, que la Nature a placées en dedans du crane de tous les Poissons*. L'on a formé une collection à part de ces os, pour ne rien laisser à désirer de tout ce qui peut entrer dans un recueil d'Animaux Aquatiques.

Il

(³¹) Voyés l'*Auctarium Historiae naturalis curiosae Regni Poloniae du P. Gabriel Rzaczinski pag. 466.*

SECONDE GALERIE D'ANIMAUX. 69

Il eſt eſſentiel de remarquer au ſujet de l'ordre que nous avons établi dans ce Cabinet, qu'à l'exemple de ce qui s'eſt pratiqué dans l'arrangement des Animaux terreſtres, l'on a ſeparé les Poiſſons vivipares, du nombre infini de ceux qui jettent du fray. Nous avons rangé à part & tout à la fin du recueil, les Séches & les Poulpes, afin de diſtinguer ces Poiſſons, qui au ſentiment même des anciens Phyſiciens n'ont point de ſang, de tous les autres habitants des eaux, que la Nature en a pourvus. D'ailleurs l'on a ménagé par ce moïen une eſpéce de chaine qui les lie aux autres familles d'*Animaux Aquatiques, qui n'ont point de ſang*, (³²) & qui nous reſtent à parcourir.

Les E'TOILES DE MER ocuperont la premiére place. Mr. *Lincke* a publié une déſcription particuliére de ces Inſectes marins, en un Volume *in folio, enrichi de 72. figures,* gravées d'aprés nature. Nous avourons que malgré tous nos ſoins, nous n'avons pas encore pu parvenir à ramaſſer toutes ces eſpéces; mais d'un autre coté nous en poſſédons pluſieurs, qui ſont échappées aux recherches de Mr. *Lincke*. Un heureux hazard nous a procuré entre autres trois E'toiles de mer, qui ſe ſont nichées dans autant d'huitres. On devine ſans peine que l'E'toile de mer étant extrémement friande de la chair des huitres, un excés de gourmandiſe l'a pu conduire dans cette eſpéce de priſon ; mais il n'eſt pas aiſé de décider, quelles fibres, ou quels reſſorts ont tenu les écailles fermées aprés la mort & la déſtruction de leur premier habitant.

Nous ne devons pas oublier les grandes E'toiles de mer ramifiées, que l'on apelle auſſi *Têtes de Meduſe.* (³³)

S   Notre

(³²) Nous ne diſcuterons pas ici la fameuſe queſtion, ſi certaine liqueur blanche, qui circule dans les veines de ces animaux, n'eſt pas effectivement du ſang. On voit bien, dans quel ſens nous emploïons ici le terme de *ſang*.

(³³) Les habitans de Groenland & les Mariniers d'Archangel les nomment *Araignées de mer*.

SECONDE GALERIE D'ANIMAUX.

Notre Cabinet en renferme plufieurs qui font originaires, les unes de la mer Cafpienne, & les autres de la mer de Marmora. Celle qui fe diftingue le plus nous a été envoyée en 1726. par l'Imperatrice Catherine.

Il ne refte plus que deux familles d'animaux aquatiques dépourvus de fang : *les Cruftacées*, ou *les Cancres*, & les *Teftacées* ou *les Coquillages*.

Les CRUSTACEES ocupent les dernieres tablettes de la Galerie que nous parcourons, & les autres font rangés à part dans un Cabinet atenant.

Il ne fera pas néceffaire de déduire les raifons, qui nous ont engagés à placer en ce lieu des Animaux, qu'on raporte ordinairement à la claffe des Infectes: l'enchainement naturel où les objets fe fuivent, juftifie fi bien cette méthode, que nous nous trouvons difpenfés d'en faire l'apologie.

Les E'creviffes de ruiffeau & de riviére font trop connuës, pour qu'elles duffent ocuper notre craïon. Nous paffons donc aux E'creviffes de mer, dont nous retracerons dans ce tableau les efpéces les plus remarquables. La famille des Homars mérite fans doute le plus d'atention, ne fut ce que par raport à leur groffeur prodigieufe, qui leur fait acquérir quelquefois le poids d'onze livres & plus. C'eft là du moins ce que péfe un Homar que nous avons reçu d'Alger.

Au refte le recueil d'Homars du Cabinet du ROI nous fait connoitre, que ces cancres marins reffemblent en effet à nos écreviffes de riviére, mais que cette reffemblance n'eft pas auffi parfaite, que plufieurs Auteurs ont prétendu.

D'ailleurs il eft conftaté par le témoignage d'excellents Naturaliftes, & par quantité de preuves tirées de notre Cabinet, que les familles des Homars diferent extrémement à l'égard de leur figure. On trouve fur tout fous les écueils qui bordent l'Ile de *Heilgeland*, une efpéce d'Homars trés finguliére, qui ne furpaffent pas en grandeur les écreviffes de riviére les plus communes.

SECONDE GALERIE D'ANIMAUX.

Nous nous flatons que les Curieux liront avec plaifir une défcription étenduë de ces petits animaux ; d'autant plus qu'on les rencontre trés rarement dans les Cabinets d'Hiftoire naturelle.

Les Homars de *Heilgeland* font moins longs que les écreviffes de riviére, mais plus larges, & d'une figure plus arondië. Leur écaille n'a que trés peu d'épaiffeur : elle eft de couleur brune eft relevée par quantité de petites rayes d'or. Les bords de l'écaille fupérieure font heriffés de petites pointes rouges. Leurs branques ont plus de longueur, à proportion de la taille de cet animal, que les pinces de nos écreviffes & des homars ordinaires. La fuperficie en eft compofée d'un nombre infini d'écailles brunes & armées de pointes jaunes. D'autres pointes rouges bordent la partie intérieure des bras & les extrémités opofées des branques.

On leur compte huit pieds, divifés chacun en trois articulations, & atachés par leur racine au ventre de l'animal. Les fix premiers font armés de griffes & couverts d'écailles : ils font plus longs & plus forts que les deux pieds du dernier rang, dont la ftructure eft d'une délicateffe extréme.

La téte & les yeux font défendus par quantité d'aiguillons, & par une belle paire de cornes. Immédiatement au deffous de la bouche en defcendant vers la poitrine, l'on voit deux grandes fibres à cinq replis fort veluës, qu'entourent plufieurs autres d'une moindre force.

Ce détail peut fufire pour faire connoître les homars de *Heilgeland* : il nous refte à examiner quelques autres Cancres effentiellement diferents de ceux que nous avons vus jufqu'ici.

Notre Cabinet nous fournit des Salicòts, ou des Crévettes, femblables en tout aux écreviffes de riviére, excepté que leurs bras ne fe terminent pas en tenailles & que leur queüe eft plus forte : des Langouftes, ou écreviffes de mer fans branques, & des Squilles.

S ij   La

72   CABINET DE COQVILLAGES.

La défcription de tous ces animaux n'entre pas dans notre plan: c'eft affés de les avoir nommés pour exciter les Curieux à les voir. Nous leur préfenterons auffi plufieurs efpéces de Crabbes, le fameux Cancre, qu'on apelle frere Bernard l'Hermite, (³⁴) & quantité d'autres E'creviffes, & de Cruftacées Aquatiques d'une figure finguliére.

Il s'ouvre enfuite une fcene nouvelle, où l'oeil fe perd avec la plus delicieufe volupté.   Ces traits anoncent

Le magnifique Cabinet de Coquillages.

On a fuivi dans l'arangement de cette collection le *Tentamen methodi oftracologicae de Mr. Klein*, dont le manufcrit nous a été communiqué long tems avant fa publication, qui ne s'eft faite à Leiden, qu'en 1753.

Avant que de conduire l'atention des Connoiffeurs fur ces merveilles de la Nature, nous jetterons quelques regards fur les ornements du Cabinet, où elles font étalées.

On a fufpendu en face de la porte d'entrée une grande cartouche au chifre du ROI A. R. enjolivée & furmontée d'une couronne de Coquillages.   Le tout paroit couvert d'un dais roïal qu'on a peint fur le mur.   Les gros murs portent deux cartouches formées de groffes coquilles, & les parois font ornées de quantité de mafcarons & de figures d'animaux repréfentées en petits coquillages, qu'on a pofées la plupart fur des confoles fculpées & dorées.

Deux

(³⁴) *Mr. Leffer* a fait une recueil des noms divers de ce cancer: on les trouve dans fa *Teftacéothéologie pag. 954.* à la fuite d'une défcription détaillée de cet animal.

CABINET DE COQUILLAGES.

Deux bouquets de fleurs, faites de Coquilles, & deux plats remplis de fruits affortiffants, font placés au deffous de la cartouche roïale. Au milieu du Cabinet fe préfente le mont Hélicon avec la fontaine d'Hippocréne, exécuté d'une grande beauté, en nacre de perle, en pierres précieufes & en Coquillages.

Une armoire de bois d'ébéne & revêtuë en dedans d'ivoire, renferme les groffes Coquilles, dont le volume ne permettoit pas de les repartir dans nos coquilliers : d'autres font placées fur le comble de cette armoire au tour d'un hermitage, compofé d'une infinité de petites Coquilles.

La plus grande partie de nos Coquillages eft diftribuée dans cinq bureaux garnis de glaces, & chargés de têtes de dauphin, & d'autres ornements en fculpture. Le refte eft dépofé dans quatre armoires plus petites que les bureaux, & pareillement garnies de glaces.

L'arangement méthodique de ce Cabinet nous en fait découvrir du premier coup d'oeil toutes les beautés ; & fert en même tems de promtuaire, qui nous enfeigne fur le champ l'étenduë & les bornes de nos richeffes.

Nous nommons en premier lieu le fameux Amiral, Volute des plus rares, qu'on achete fouvent jufqu'à trois & quatre cens écus. Notre Cabinet en poffède fix, de diferentes fortes, qui font presque tous des monuments de la générofité de SON ALTESSE ROIALE, LE PRINCE ROIAL ELECTORAL. Suivent le Cornet la Guinée, & le Cornet à fommet couronné, qu'on aprécie, quand ils font parfaits, au pair de l'Amiral.

Les Coquilles, qu'on nomme la Mufique, fe diftinguent en diferentes maniéres par leurs lignes & leurs taches, rangées en forme de tablature.

Plus loin, l'on ne peut affés admirer le fuperbe émail & les belles couleurs du Rouleau, nommé le Drap d'or, du Cornet bleu, bariolé de petits points rouges, & du Cornet trés rare à taches blanches, cerclées de jaune.

La famille des Porcellaines poſſéde en général de trés grandes beautés, cependant on en préfére volontiers les eſpéces que *Mr. Leſſer* a décrites dans ſa *Teſtacéothéologie pag. 151. 157. & 166.*

Le Rocher nommé le Scorpion, unit aux plus belles teintes une figure trés finguliére, & mérite à ce titre notre atention. Nous lui aſſocions le Buccin en forme de bouteille, ſtrié & traverſé de rayes dentelées de couleur brune, & un Limaçon à bouche ronde & faſcié, dont l'intérieur repréſente un arc-en-ciel. Un autre Limaçon à bouche ronde d'une beauté & d'une rareté finguliéres, c'eſt le Limaçon de Pharaon. Il eſt originaire de la mer rouge & tout bariolé de petites tubercules, ſemblables à des Coraux. Le Limaçon, apellé la Bouche d'argent au fond verd, ne lui céde en rien; & le Caſque ailé, ſtrié & bariolé, que nous devons à la bonté généreuſe du PRINCE ROIAL ELECTORAL, les ſurpaſſe tous deux en rareté.

Enfin la Nature eſt ici plus que jamais une ſource inépuiſable de merveilles toujours diverſifiées. Mais en même tems qu'elle nous préſente des objets qui mutuellement s'éffacent ſans ceſſe; elle embraſſe notre choix & nous rend incertains, auxquels nous acorderons notre atention. Nous ne pouvons pas la refuſer à un bel aſſortiment d'Ourſins, ou de Hériſſons de mer, les uns avec des pointes & les autres ſans armure.

La famille des Nautilles nous atire par leur figure, & ſur tout par la conſtruction finguliére de leur intérieur. (35)

Pour

---

(35) *La Teſtacéothéologie* de *Mr. Leſſer* nous diſpenſe d'en donner une déſcription, qui d'ailleurs ne feroit pas du reſſort de cet ouvrage. Il y eſt parlé des Nautilles p. 501.

CABINET DE COQUILLAGES.

Pour en faciliter le spectacle, l'on a séparé en deux plusieurs de ces Coquilles; & les succés de ce soin nous ont engagés à l'étendre sur plusieurs Vis, sur le Sabot, qu'on apelle le Téléscope, & sur d'autres Coquilles trés estimées. Les belles proportions & la regularité merveilleuse de ces petits édifices, justifient le sentiment des Anciens, que la Nature procéde dans ses productions le compas à la main & en Géométre parfaite.

Il est vrai; l'on trouve quelque fois des Coquilles dont l'intérieur est construit avec moins d'art; mais elles se distinguent alors par quelque autre singularité. Nous remarquons même avec le celébre Mr. Brockes ([36]) qu'il n'existe presque point de figure, qui ne soit répetée sur les Coquillages.

Par exemple: quoi de plus singulier que la Tulipe, ou le petit Bonnet, de la famille des Glands de mer: Le Phallus, ou Brandon d'amour: le Pinceau de mer: les Antales ou Dents d'Eléphant, de la famille des Tuyaux de mer: la Telline, en forme de couteau Polonois: la Fraise rouge: la Fraise blanche: & la Came, apellée le Zigzac &c. Pour ne rien dire de quantité d'autres Coquillages, de toutes les classes & de toutes les familles.

Les Tellines & les Cames, dont nous venons de parler, étant *Bivalves, ou composées de deux écailles*, elles nous conduisent à la seconde classe des Coquilles. On admire ici les mêmes richesses, le même brillant & la même varieté. Nous nous atacherons préferablement à celles, qui passent pour les plus rares.

Telle est le Coeur de Venus tout blanc de la grosseur d'une noix: la Came dite la Vieille ridée: plusieurs Petoncles: la Telline blanche & mince, qu'on apelle la Rose, à cause d'une tache couleur de rose, qu'on voit prés de sa charniere: la belle Telline mince & violette, à stries blanches venant du sommet: l'Huitre à bec raboteuse:

T ij la

([36]) *Voyés ses Poësies Tom. I. p. 315.*

la Créte de Coq, ou l'Oreille de cochon: le Peigne rouge, chargé de tubercules, qu'on apelle la Coraline: le Manche de couteau, courbé en fabre Hongrois: la Came oblongue, nommée l'Ecriture Arabique: les Coquilles de Venus Occidentales, garnies de pointes: le Pied d'ane blanc, avec de longues pointes couleur de rofe: enfin l'Huitre bizare & peu commune, qu'on apelle le Marteau.

Nous remarquons auffi les Pholades, qui habitent dans des pierres de marne. Cette demeure extraordinaire n'eft pas ce qui les diftingue le plus: elles font auffi une efpéce de Phosphore naturel, à la lueur du quel l'on peut lire, dans la plus grande obfcurité. Cette proprieté s'étend jusqu'à une certaine liqueur visqueufe, que les Pholades ont coutume de répandre.

Nous leur affocions les Pinnes marines. Notre Cabinet en pofféde quelques unes de la grande efpéce, qui font longues de deux pieds. Elles ont une filiére qui produit des foyes, qu'on a trouvé le fecret de filer & de métre en oeuvre. C'eft principalement à Reggio & à Tarente qu'on travaille ce *byffus*. On en fait des veftes, des bonnets, des bas & des gands, qu'on transporte trés loin, & dont la chaleur furpaffe celle des meilleures laines.

Quels que foient au refte les avantages qu'on retire des Pinnes marines, ils n'aprochent pas à beaucoup prés de la haute valeur des Huitres à Perles.

La Saxe peut fe glorifier de produire en abondance ce précieux coquillage. On trouve fur tout dans l'*Elfter*, petite riviére de la province de *Vogtland*, quantité de Perles, qui égalent les plus belles Perles d'Orient en grandeur, en netteté de l'eau & en regularité de la figure. Le Cabinet du ROI réunit ces deux efpéces fous un même coup d'oeil, & facilite une comparaifon, qui n'a jamais été desavantageufe à nos Perles de Saxe.

Nous

CABINET DE CORAUX.

Nous tirons le rideau fur mille & mille objets, que le Cabinet de Coquillages renferme, & qui mériteroient tous d'être raportés: cependant nous ne faurions paffer entierement fous filence les *Coquillages de figure irréguliere.*

Nous rangeons dans cette claffe trois Oreilles de mer, turbinées contre l'ordinaire des Coquilles, de droit à gauche: toute forte de Coquillages monftrueux: & ceux que les Italiens nomment des *Capricciofe*, parceque leur caractére fpécifique n'eft pas affés bien exprimé.

A` la fuite des Animaux Aquatiques de tout genre & de toute efpéce viennent

Les Coraux & les Plantes Marines.

Ce beau recueil occupe un Cabinet à part, qui joint le Cabinet de Coquillages.

Les Plantes marines fe partagent naturellement en trois claffes: En *Molles*, en *Boifeufes*, ou de Corne, & en *Pierreufes*. Nous ne contefterons pas ici la vérité d'une découverte prétendu nouvellement faite, [37] que de certains Infectes marins demeuroient dans les cavités du Corail, (ce qui ne feroit pas étonnant,) & que femblables aux Coquillages, ils en étoient à la fois les habitants & les architectes. Il fufit de remarquer, que pour trancher fur toutes les difficultés, nous avons placé les Coraux à la tête des Plantes marines, & immédiatement aprés les Coquilles des Poiffons teftacées.

---

[37] *L'Auteur* du *premier Volume de l' Hiftoire Naturelle générale & particuliére*, qu'on imprime à Paris, affure, ,,que *Mr. Peyffonel* avoit obfervé & re-
,,connu *le premier* que les Coraux, les Madrépores &c. devoient leur origine
,, à

CABINET DE CORAUX.

La Nature a planté dans le fein des mers (³⁸) une foret immenfe de Coraux, qui s'y produifent & reproduifent fans ceffe, fous mille figures diverfes & jamais affés admirées. Notre Cabinet en eft richement pourvu; & un craïon habile en a deffiné d'après nature une centaine d'efpéces les plus belles & les plus finguliéres. Avec ce fecours, rien ne nous eut été plus aifé, que d'acumuler de vaftes commentaires, fur l'Hiftoire des Coraux du Cabinet du ROI; mais uniquement atentifs, à ne pas excéder les bornes de cet ouvrage, nous abrégerons nos Mémoires le plus qu'il fera poffible.

Le Corail rouge eft plus connu, & moins varié que le Corail blanc. Outre ces deux efpéces, quelques Auteurs des fiécles paffés ont foutenu, qu'il y avoit auffi du *Corail bleu & du Corail noir*: &

„à des animaux." Mais il confte par *l'Hiftoire Naturelle* de *Ferrante Imperati, publiée* des l'année *1672.* & nommement par la *page 812.* de cet ouvrage, que cette hypothéfe eft bien plus ancienne. Il en eft de méme de la perfuafion où l'Auteur François fe trouve „que les Naturaliftes avoient été obli„gés de reconnoitre la découverte de *Mr. Peyffonel*, & *que tout le mon„de* étoit enfin convenu, que ces prétendües Plantes marines n'étoient autre „chofe, que des ruches, ou plutôt des loges de petits animaux." Cependant il n'y a pas long tems, que trois des plus grands Connoiffeurs de la Nature, fe font encore opofés à ce fyftéme: témoin *le premier Volume des Memorie di varia erudizione della Societa Columbaria Fiorentina*: le 1. *Volume des Mémoires de la Société d'Hiftoire Naturelle de Danzic*, & *le 12. Volume du Magazin de Hambourg.*

(³⁸) Un Auteur moderne prétend, que les Coraux ne fe trouvent que dans la mer Méditerranée; mais cette hypothéfe eft parfaitement gratuite. La mer rouge produit quantité de Coraux, on en pêche auffi dans diferentes autres plages, que *Ganfius* raporte dans fon *Hiftoire des Coraux*. Qui plus eft, *Balbinus* affure, qu'une petite riviére de Bohéme, qui baigne le pied d'un coteau prés du chateau de *Tollenftein*, abondoit en Coraux; mais nous ne garantirons pas la certitude d'un fait auffi extraordinaire.

& plufieurs relations modernes vont jusqu'à déterminer les plages, où le noir avoit été pêché.

Il y a plus: notre Cabinet nous fournit une branche de Corail, longue de quinze pouces, & couverte d'un écorce couleur de chair, qu'on affure être du vrai Corail noir : de même qu'un rameau plus petit, dont la couleur ne pouroit être plus foncée. Mais l'analyfe que nous avons faite de l'un & de l'autre fragment, a tourné de manière à nous perfuader, que l'exiftence des Coraux noirs eft tout à fait problématique. Du moins confte-t-il que nos deux rameaux apartiennent évidemment à la claffe des Lythophytes, ou des Plantes boifeufes: & quant au Corail bleu, nous en examinerons cy-deffous l'efpéce & la nature.

Si donc l'on veut refléchir dans l'arangement des Coraux fur leur couleur extérieure, on ne peut faire mieux que de les diftribuer en deux claffes uniques; en *rouges* & en *blancs*.

On trouve à la vérité du Corail d'un blanc cendré, de couleur brune, d'un rouge pale & de couleur de chair &c. mais toutes ces efpéces refortiffent à l'une des deux claffes, que nous avons établies.

Il arive de tems en tems, qu'il croit *fur une même pied du Corail de plufieurs couleurs* & d'efpéces diferentes. Nous en voïons l'exemple dans un Madrépore, percé de petits troux oculés: & dans deux Madrépores rameux, dont l'un fur tout eft moucheté de quantité de taches rouges, fur un fond brun cendré, & chargé de mille petites étoiles. Plus loin un calice de Corail blanc eft furmonté d'une petite branche de Corail rouge.

Ce qu'il y a de plus fingulier dans ce genre, c'eft une Végétation fort rameufe de Corail brun cendré & ftrié dans toute fa longueur; d'où fort une magnifique plante de Corail rouge, au milieu de quelques branches plus petites de la même couleur.

CABINET DE CORAUX.

Il eſt décidé que LE CORAIL ROUGE acquiert une plus grande valeur, plus la couleur en eſt parfaite, & que les tiges ſont fortes & élevées.

Un Auteur nommé *Vielheuer* aſſure, qu'elles parviennent quelquefois jusqu'à la hauteur d'un cérifier; mais *Valentini* a détruit ce récit fabuleux dans ſon *Théatre de toutes ſortes de Drogues & d'Epiceries*.

Nous ne nous aréterons pas à calculer les dimenſions des plantes de Corail, qu'on voit dans notre Cabinet: d'autant plus que les morceaux les plus rares & les plus parfaits ſont encore depoſés au tréſor ROIAL, à la Voute verte.

Nous ſommes infiniment plus riches en eſpéces ſinguliéres de Corail rouge. Telles ſont: 1) une belle plante de Corail rouge, peu rameuſe & profondement ſtriée dans toute ſa longueur. 2) Pluſieurs branches de Corail rongées de vers, & lacées en diferent ſens les unes parmi les autres. 3) Deux branches de Corail rouge, atachées & réunies enſemble, par une écorce commune. Les tiges en ſont écartées de prés d'un pouce & demi, & l'extrémité de la plus grande branche, aprés s'étre courbée en arc, coule & s'étend en travers ſur la plus petite, de ſorte quelles ſont adhérantes & comme aglutinées.

Cette ſtructure extraordinaire diſtingue auſſi 4) une plante de Corail d'un rouge pale, qui ſe partage en quatre rameaux chargés de noeuds en tubercules. Et 5) un arbriſſeau de Corail rouge, dont la tige eſt embraſſée par une forte éponge, à travers la quelle l'on voit percer de petites branches.

Il ne faut pas oublier les *Tubulites*, ([39]) ni les *Orgues de mer*, que pluſieurs Auteurs raportent à cette claſſe, & dont nous poſſédons quelques unes d'une trés belle grandeur.

Enfin

([39]) On devinera facilement & ſans que nous le faſſions remarquer, que ces *Tubulites* diférent eſſentiellement des Tuyaux de mer, qui compoſent une
famil-

CABINET DE CORAUX.

Enfin, quelque décrié que soit aujourdhui le syftéme de la végétation des Coraux ; les Connoisseurs nous sauront toujours gré de trouver ici une branche de Corail rouge, que le célébre *Comte Marsilli* nous a envoïée, pour constater l'existence des fleurs & de la sémence du Corail. L'on en atribuë communement la découverte à cet illustre Savant; cependant il est déja parlé de fleurs & de sémence de Corail, dans *la vie de Mr. de Peiresc* par *Gassendi*.

Nous ne ferons plus mention que d'un morceau unique en ce genre, aprés quoi nous passerons au Corail blanc. C'est une végétation d'un rouge pâle, longue de huit pouces & demi, & couverte de rides. La nature en paroit étre plutot boiseuse, que de pierre, & toute la plante est hérissée dans son pourtour de petites pointes de Corail en forme d'épines.

Les Curieux, qui ne cherchent que le plaisir de la vuë, sans vouloir suivre la Nature dans ses productions, trouveront ici toute sorte de figures & de grouppes travaillées en Corail rouge. On admire sur tout deux morceaux qui représentent la nativité, dont **LA REINE DES DEUX SICILES** a enrichi ce Cabinet.

Le recueil de CORAIL BLANC est d'autant plus abondant, que les espéces en sont multipliées jusqu'à l'infini. Nous débutons par un *Madrépore* à calices rameux, & haut de deux pieds du Rhin. Il est d'un brun cendré, & entouré de quantité de petites branches faites en forme de cylindres, qui lui donnent la figure d'un arbrisseau.

X *Suit*

famille à part parmi les Coquillages. Cependant nous possédons plusieurs monceaux de tuyaux de mer, qui ressemblent parfaitement à des Tubulites, & qu'en effet on nous a envoyés sous ce nom. Il s'en trouve un dans ce nombre, qui se distingue par sa belle robe d'azur : cette circonstance nous fait soupçonner, que nos Ancétres, qui ne voïoient la Nature qu'à travers un voile épais, se sont laissés abuser par la figure & par la couleur de ces Tuyaux, & en ont pris lieu d'imaginer une espéce nouvelle de *Coraux bleux*.

Suit un Madrépore de la méme efpéce, noiratre, & moins élevé que le précédent, mais dont les branches font plus fortes & plus épaiffes. La furface des rameaux, qui fe terminent tous en étoiles, eft d'une figure des plus finguliéres, & la péfanteur extraordinaire de la plante y ajoute un nouveau degré de rareté. L'on voit plus loin un *Millepore* rameux, & haut de vingt deux pouces, dont les branches aplaties & hériffées de petites pointes, repréfentent, on ne peut mieux, un bois de cerf. Cette belle plante eft flanquée de plufieurs autres Millepores rameux, qui reffemblent à des têtes de Dain, & aux cornes de l'Elant ou de la Renne.

La plus belle efpéce, de Madrépores & de Millepores eft celle, dont les branches garnies de feuilles à filaments feparés, font entrelacées en forme de buiffon. On les défigne communément fous le nom de *Frondipores*. Nous en poffédons quelques unes qu'on ne peut affés admirer. La première a quinze pouces de hauteur, fur dix neuf pouces de bafe. Son pied eft garni de deux grands champignons de mer, traverfés l'un & l'autre dans toute leur étendue de fillons tortueux, qui s'ouvrant & fe fermant tour à tour, donnent à leur furface l'air de vagues, ou de vers entortillés les uns dans les autres.

Le fecond Madrépore feuillu eft large d'une demie aune & s'éleve à la hauteur deux pieds : Il repofe fur deux champignons de mer, de la groffeur du poing, dont l'un eft filloné dans le méme gout que les deux précédents, & l'autre eft parfemé d'un nombre infini de petites étoiles.

Nous nommons en troifiéme lieu un Millepore encore plus fingulier. Il eft haut de feize pouces & large de deux pieds. Ses branches portent des feuilles larges & plates comme une toile tendue, & criblées d'un million de petits troux. Nous y joignons une plante extrémement mince & forée, qu'on apelle la *Manchette*, ou la *Dentelle* : & les petits Champignons de mer, qui viennent par monceaux fur des tiges trés élevées.

L'apel

L'apel anticipé que nous faisons de ces derniers, n'exclud de ce recueil ni les Coraux en forme de fleurs, d'étoiles, ou d'entonnoirs, ni les Hippurites corallines. Toutes ces espéces & grand nombre d'autres, se trouvent en abondance dans notre Cabinet, & nous en pourions nommer de très distinguées, si nous ne nous étions pas trop étendus sur les premiéres espéces de ces Plantes pierreuses.

Nous passons aux *Lithophytes*, (⁴⁰) ou *Plantes marines de nature corneuse*, que le savant *Mr. Denso* a apellées du Bois de Corail, (⁴¹) & qui sont plus connues sous le nom de KÉRATOPHYTES. Les espéces de ces plantes sont sans nombre, & le Cabinet du ROI en est si richement pourvu, que ne pouvant les placer toutes dans cet endroit, nous en avons encore orné le dessus des armoires du Cabinet d'Ambre jaune.

La collection de Kératophytes renferme quantité de morceaux d'une belle singularité, & dont le simple récit demanderoit, pour ainsi dire, un volume particulier. Nous y remarquons plusieurs plantes qui ont trois pieds & demi de hauteur, sur plus de trois pieds de base. La tige d'une autre, haute de deux pieds, est d'un noir foncé, qui s'éclaircit peu à peu à la naissance des branches, & se perd tout à fait à leurs extremité, qui sont transparentes & jaunatres, comme des cordes de boyau. Une troisiéme espéce de Kératophytes parfaitement belle, vient du Cabinet de feu *Mr. Kundmann*, qui en a fait une déscription détaillée dans ses *Curiosités de l'Art & de la Nature pag. 161*. Plus loin nous présentons aux Connoisseurs une plante corneuse, composée de rameaux capillaires, qui se croisent & s'entrelacent avec tant de netteté, que l'oeil s'y trompe à moins d'être bien aguerri, & la prend pour un morceau de crepon noir.

Suivent

(⁴⁰) L'on a expliqué dans *le second Volume de l'extrait des Curiosités naturelles & oeconomiques* de Mr. HANOW pourquoi ces plantes sont apellées corneuses, ou Kératophytes.

(⁴¹) Dans *la Traduction Allemande* de l'excellente *Minéralogie* de Mr. WALLERIUS.

Suivent plufieurs Kératophytes qui fe font formés fur des pierres, fur du corail, fur des coquilles & fur d'autres corps durs & folides. Cette Végétation prouve avec la derniére évidence, que ces plantes ne pompent pas leur fuc nouricier par des racines, comme le font nos plantes terreftres; mais qu'elles font organifées de maniére à l'atirer par toutes les parties de leur furface.

Les Panaches de mer, *les Lithophytes en forme de serpent*, *les Kératophytes en forme de bruyére*, & d'autres Végétaux femblables, viennent à la file, & renferment bon nombre de plantes fort finguliéres, qu'on fait toujours remarquer aux Curieux, & qui ocuperont un jour une place diftinguée dans le Catalogue raifonné de cette collection. Il nous fufit ici d'en avoir indiqué le genre, & d'avoir invité, pour ainfi dire, nos Lecteurs à voir ces diferentes efpéces.

Nous parcourons avec la méme brieveté le recueil de PLANTES MARINES MOLLES.

Les premiéres en rang feront *les Eponges*. L'ufage univerfel de ces plantes, & l'habitude où l'on eft de les manier tous les jours, les font peut être méprifer, ou leur otent du moins ce vernis de fingularité, qui atire le plus fouvent notre atention. Mais ce préjugé s'évanouit, pour peu que l'on confidére atentivement la ftructure de l'Eponge, & qu'on fuive les variétés merveilleufes que la Nature y a répanduës.

En effet quoi de plus fingulier qu'une Eponge molle & rameufe de la hauteur de deux pieds & demi, qui a végété en partie fur un rameau de Corail blanc, & en partie fur une éponge dure. Une autre Eponge molle porte une belle plante de mouffe, en forme d'arbriffeau. Plus loin l'on voit une Eponge dure qui reffemble a une main : deux grandes Eponges molles, qui pouroient fervir en cas de befoin de bonnets de nuit, & une troifiéme haute de huit pouces, qui repréfente un gobelet.

Nous

CABINET DE CORAUX.

Nous remarquons fur tout une Eponge, qu'on a trouvée en 1743. prés de Leipfic, dans une piéce d'eau dormante. Elle étoit fortement atachée à des poutres, qui trempoient dans l'eau, & qui portoient encore quelques autres plantes femblables. Cette piéce unique peut paffer à jufte titre pour un vrai phénoméne.

En effet, ces fortes de végétaux ne fe forment d'ordinaire que dans l'eau fomache : & il n'étoit jamais arivé, que nous fachions, d'en découvrir aucunes dans les eaux de la Saxe. L'on a inferé au *premier Volume des Curiofités de la Nature & de l'Oeconomie*, une differtation particuliére fur des éponges d'étangs, qui méritoient effentiellement la peine qu'on s'eft donnée de les examiner.

Ce feroit ici le lieu de parler des HERBES MARINES du Cabinet du ROI. (42) Mais cette partie de l'Hiftoire Naturelle eft encor entourée de ténébres fi épaiffes, & il feroit fi dificile de prononcer fur le plus ou moins de fingularité de ces plantes : qu'on nous difpenfera fans doute du foin de nous y aréter. D'ailleurs quelle que puiffe étre la multiplicité des Herbes marines, qu'on étale dans les premiers Cabinets de l'Europe, ce n'eft pas l'ombre des richeffes immenfes que l'Ocean couvre de fes flots. Il n'a fallu qu'un jour au celébre *Dr. Hill*, pour pêcher dans un feul parage cent & douze fortes d'herbes :

„ Que de plantes, s'écrie-t-il, l'Auteur de la Nature a cachées
„ dans le vafte fein des ondes ! quelle foule de végétaux tapiffent les pro-
„ fondeurs inconnuës de l'abime, où nul efprit n'admire les merveilles du
„ Tout-puiffant, & n'exalte l'immenfité de fes bontés !

Y   Le

---

(42) On y voit entre autres bon nombre de *Pelottes de mer*. Ce font des tiffus de figure ronde, & quelque fois oblongue ou aplatie, que le mouvement tumultueux des flots forme en mélant & entrelacant les joncs marins.

Le Succin, ou l'Ambre jaune, ocupe une place diftinguée parmi les richeffes, qu'on recueillit dans l'onde & fur les côtes de la mer. Nous l'avons reparti à la fuite des Plantes marines, en faveur d'une remarque, que le célébre *Wallerius* & plufieurs autres Obfervateurs ont faite : que le rivage de la mer Balthique abonde ordinairement en Succin, fur les côtes d'Allemagne, quand les flots & le vent y ont amené beaucoup d'herbes & de plantes marines : de forte que les pêcheurs font toujours alertes à fuivre ces guides, qui ne les ont jamais abufés.

Avant que d'ariver au Cabinet où l'Ambre jaune eft depofé, il faut traverfer une

Grotte artificielle

d'une trés belle compofition.

Nous ne nous émanciperons pas à craïonner l'architecture de cette piéce : nous ne dirons rien non plus du plafond, qu'un pinceau fameux a couvert des plus riches peintures : ni des jets d'eau qu'on a pratiqués entre les carreaux du plancher & en d'autres endroits. Toutes ces curiofités ne font pas de notre reffort. Cependant nous ne faurions paffer fous filence, deux magnifiques ftatuës de marbre de Saxe, que le célébre *Balthafar Permoefer de Saltzbourg*, a fculpées à l'age de foixante cinq ans. Elles repréfentent un Apollon & une Minerve, & les meilleurs Connoiffeurs ne favent quoi admirer le plus, ou la beauté & l'éclat du marbre, ou l'art de l'ouvrier & la fineffe du cifeau.

CABINET D'AMBRE JAUNE.

Nous entrons enfin dans

Le Cabinet de Succin, ou d'Ambre jaune.

L'on vient de voir par quel motif nous avons lié ce Cabinet, avec celui de Plantes marines. Il nous reste à remarquer de plus, que cet arangement est justifié par les recoltes abondantes de Succin, ou de Karabé, qu'on fait au milieu des flots & sur les rivages de la mer : (⁴³) de maniére qu'il eut été difficile de se décider pour une autre méthode, tant que la nature & l'origine du Succin ne sont pas absolument déterminées.

Le recueil de Karabé du Cabinet du ROI mériteroit d'étre décrit avec plus d'étenduë, que nous ne pouvons donner à cette esquisse. Un vaste Volume *in folio* que Mr. *Sendel* a publié sur cette matiére, bien loin d'en épuiser les richesses, nous a laissé une ample moisson d'objets les plus rarés. En effet cet Auteur n'ayant travaillé que sur un état, qu'on lui avoit fourni des morceaux les plus curieux, il passe nécessairement sou silence plusieurs autres, qui sans étre de la première rareté méritent cependant toute sorte d'atention : & qui plus est, nombre de morceaux d'une haute singularité, ne sont entrés dans ce Cabinet qu'aprés l'impression de l'*Historia Succinorum*.

Nous tâcherons de suppléer à ce qu'il peut y avoir de défectueux dans ce bel ouvrage.

On aperçoit d'abord deux armoires toutes revétuës de magnifique Karabé, dont le feu Roi de Prusse & le Roi regnant ont fait présent à ce Cabinet.

Y ij

L'une

(⁴³) Nous remarquons cependant que les plus belles masses de Karabé se trouvent en fouissant la terre.

L'une est apuïée contre le mur, & renferme toute sorte d'ouvrages travaillés en Ambre jaune, d'une beauté singuliére, qui nous ont été envoïés en méme tems. L'autre, qu'on a placée en face de la premiére, est remplie de plusieurs tablettes de Karabé, que l'Ambrier du ROI, a teintes en verd, en violet, en bleu, & en rouge, &c.

On y a joint quelques figures antiques, sculpées en Ambre jaune, que le PRINCE ROIAL a aportées de Rome. Mr. *Sendel* les a fait graver, *planche XIII*. & en donne une description detaillée *pag. 325. de son ouvrage.* A l'aide de ce secours, l'esprit de ceux qui ne sont pas à portée de frequenter notre Cabinet, peut se former une idée du fini & de la vérité que les Anciens ont mise dans ces sortes d'ouvrages.

Cependant l'on n'y voit rien qui aprochat de l'art, avec le quel la Nature a répandu sur le Succin, les plus riches couleurs, où qu'elle y a exprimé toute sorte de figures. (44) Nous possédons du Karabé coloré en verd naissant, & en verd obscur, en jaune doré, en brun & en gris cendré : quelques morceaux ressemblent à des Opales, d'autres sont bigarés, & veinés comme du marbre : enfin il y en a du bleu, du brunatre, du gris de perle, du blanc parfait, & de toutes les couleurs imaginables. (45)

La

---

(44) Le Dr. PASCHKE a publié à Koenigsberg, un petit traité fort rare sur le Karabé, à l'ocasion de la vente d'un Cabinet d'Ambre jaune. Il s'y exprime en de termes si élevés, que nous croyons faire plaisir aux Lecteurs Philosophes en leur en donnant un extrait : „Le Succin, dit-il, porte en soi l'em-
„ preinte la plus vive de la sagesse du Créateur. Ses couleurs merveilleuses,
„ les figures que la Nature trace sur ce fond diaphane, tout enfin nous y
„ anonce la main du Tout-puissant. Qui n'est enchanté de voir tant de
„ tableaux enclavés dans la propre substance du Karabé? ces bustes & ces
„ images peintes sans couleurs & sans pinceau, & ces perspectives de païsages, de bois & de villes représentées comme d'aprés nature? Quel est
„ l'esprit assés insensible, qui ne s'élance à cette vüe au dessus de lui mé-
„ me, & n'adore l'Ouvrier supréme qui a produit tant de merveilles?"

(45) Nous exceptons *la noire*. Le Cabinet du ROI renferme à la vérité plusieurs

CABINET D'AMBRE JAUNE.

La méme varieté caractérife les figures, que notre Ouvriére habile a peintes, en fe jouant fur le Karabé. Tantot elle copie des têtes & des buftes humains, & tantot des animaux : fouvent elle déffine un païfage entier, & fe borne enfuite à repréfenter un arbre, une bruyére, ou quelque grotesque. De tems en tems elle exprime fes caprices à l'aide du cifeau. Les larmes de Succin, qu'on tire de la mer, ou du fein de la terre, font taillées les unes en oignons & en poires, & les autres en figues ou en dattes : plufieurs imitent des boules & des roues, & quelques unes reffemblent à des têtes de mort &c.

Il y a plus : on trouve du KARABÉ, QUI ENSERRE TOUTES SORTES D'OBJETS DES TROIS REGNES DE LA NATURE, & où l'on découvre même TROIS ELEMENTS : DE L'AIR, DE L'EAU ET DE LA TERRE.

Plus nous reffentons de plaifir en voïant toutes ces richeffes réunies dans notre Cabinet : plus nous nous empefferions d'en fournir, à nos Lecteurs, un état circonftancié, fi nous ofions paffer les bornes d'un abrégé. Nous ferons un triage, de ce qu'il y a de plus rare & de plus beau dans chaque efpéce, à commencer par le *Karabé qui enferre de petits globes d'air, & des bouteilles d'eau*.

L'on trouve d'abord un morceau de Succin à huit cavités, remplies de particules d'air, qui s'élevent en forme de globules, quand on fecoue, ou que l'on renverfe le Succin qui leur fert de prifon. Plus loin, l'on aperçoit le même trémouffement à de goutes d'eau, renfermées dans du Karabé. (⁴⁶)

Z

Les fieurs morceaux, qu'on prétend être de l'ambre noir : L'un fur tout, qui eft d'un noir fort obfcur, nous a été envoyé fous l'étiquette de Karabé noir trés authentique; mais les expériences que nous avons faites, n'ont pas levé nos doutes, & nous aimons mieux fufpendre notre jugement, que de foutenir une opinion, que la plupart des Naturaliftes ont condamnée. Quoiqu'il en foit nous pouvons préfenter aux Curieux une maffe de Succin opaque, de la groffeur d'une tête d'enfant, dont la fuperficie eft naturellement teinte en noir, & l'intérieur en couleur de cire.

(⁴⁶) Cette circonftance finguliére nous rapelle, que dans le recueil de Sels il fe trouve

Les deux morceaux, que *Mr. Sendel* à décrits *page 303.* & dont on voit la figure *planche XI. No. 6. & 7.* se distinguent dans cette espéce.

Deux autres morceaux de Karabé se remarquent principalement parmi ceux, *qui enclavent de la terre.* Elle se méle & se renverse aux moindres sécousses, avec des mouvements si clairs & si faciles, qu'il ne reste point de doute sur son existence.

Nous ne discuterons pas, quel nom il convient de donner, à ces objets étrangers au Karabé, qu'il porte dans son sein: si ce sont effectivement des parties élémentaires, ou s'il n'y auroit pas plus de justesse, à les traiter de parcelles de quelque matiére minérale. Il sufit que nous pouvons produire à la suite de ceux là, plusieurs morceaux de Succin, ou le hazard a indubitablement *enchassé des parties minérales.* Les uns renferment de là, mine de vitriol martial; qu'on reconnoit sans peine, en aprochant la langue de quelques parcelles, qui s'élevent sur la superficie du Karabé. D'autres enveloppent & portent sur leur surface du vitriol de *Zinc.* Il y a plus: un morceau de Succin opaque & de couleur blanche, est incrusté, pour ainsi dire, de riche marcassite vitriolique: & une autre piéce de Succin transparent est, comme aglutinée à des parcelles de ce minéral.

Enfin nous possédons onze morceaux de Karabé, dans l'intérieur des quels les productions du Regne Minéral sont mélées avec du bois, & toute sorte de plantes.

Le *Succin qui enferre des Végétaux,* présente aux Curieux un spectacle, qu'on ne se lasse pas de voir.

Un

trouve un fragment de sel minéral des Mines de *Wiliczka* en Pologne, dans le quel l'on voit aussi une goutte d'eau, ou plutôt une globule d'air s'agiter & se trémousser en diferentes maniéres.

CABINET D'AMBRE JAUNE.

Un morceau tout à fait fingulier, & qui mérite le premier rang dans cette claffe, renferme un petit rameau tout feuillu, & trés bien confervé. Le celébre *Breynius* a décrit cette merveille dans un traité particulier ; il en eft auffi fait mention dans l'*Hiftoria Succinorum*, de Mr. Sendel.

Celui-ci parcourt enfuite les morceaux d'Ambre jaune, dans l'intérieur des quels on découvre des feuilles d'arbres, de petites branches, des graines, des brins de paille, de la mouffe, du bois & d'autres objets de cette nature. Nous remarquons fur tout un morceau de Karabé brut, qu'on a fcié en deux, pour expofer à la vuë un éclat de bois, qui le traverfe dans toute fon étenduë. Cette piéce feule fufit pour démontrer, que dans tout ceci il n'y a pas plus de caprices de la nature, qu'il n'y a de préftiges de l'Art, dans les morceaux de Succin, qui portent fur leur fuperficie de l'Algue, & des plantes de mouffe toutes entiéres, ou bien quelque empreinte de bois & d'autres végétaux.

Les objets du Regne Végétal ne font pas les feuls, qui impriment leur figure dans l'Ambre jaune: L'on y trouve auffi trés fouvent *la figure de toute forte d'Animaux, ou de leurs parties.*

Tel eft un morceau de Karabé, fur la fuperficie du quel l'on voit, à de diftances égales, de petites entailles, que plufieurs Connoiffeurs ont prifes pour des traces de quelques dents; mais qui nous paroiffent plutôt être l'empreinte, d'un Coquillage ftrié & canelé.

L'agréable furprife, que ces figures mouluës en Ambre jaune ont coutume de caufer aux Curieux, n'aproche pas de celle, qu'ils reffentent à la vuë des *Infectes & des autres Animaux, que le hazard a renfermés dans du Karabé.* C'eft un fpectacle, que les Amateurs de l'Hiftoire Naturelle ne peuvent affés contempler. En effet, qui n'admireroit pas ces fépulcres finguliers, dans les quels toutes fortes de cadavres font garantis, depuis nombre de fiécles des atteintes de la corruption ?

CABINET D'AMBRE JAUNE.

Le nombre & la multiplicité de ces objets auroit embarassé notre choix, quand méme il nous eut été libre d'en examiner la plus grande partie : il nous feroit d'autant plus difficile, de nous tenir, en les triant dans les bornes trop étroites d'une défcription abrégée. Ainfi nous aimons mieux paffer fous filence un recueil, qui mérite d'étre mis dans fon plus grand jour, que de n'en point exprimer toutes les beautés.

Nous remarquons feulement, qu'il contient grand nombre de gerces, d'araignées, de fourmis, de fauterelles, d'efcarbots, de papillons, de mouches, de taons, de punaifes, de chenilles & de vers &c. tous enfévelis dans du Succin opaque, [47] ou transparent. Nous y trouvons auffi de quoi convaincre d'erreur un favant *Voyageur*, qui prétend „que „ le Karabé ne fervoit jamais de tombeau aux animaux aquatiques. Le Cabinet du ROI nous fournit plufieurs exemples contraires, qui ne laiffent aucun doûte fur leur authenticité. Pour en étre pleinement convaincu, l'on n'a qu'à les comparer avec des morceaux de Succin, où d'habiles impofteurs ont eu l'adreffe d'enfermer des poiffons & des grenouilles &c.

Nous obfervons en dernier lieu, que la Nature enfouit quelque fois du *Succin dans le Succin méme*, de maniére qu'on diftingue aifement le premier, ou le noyau du fecond, qui lui fert d'écorce ou d'enveloppe. [48] Il nous refte a remarquer, que la Nature a prodigué à la Saxe les plus riches tréfors d'Ambre jaune. On l'y trouve dans plufieurs contrées, & en telle abondance, qu'il ne nous eut pas été difficile de remplir la plupart des claffes, que nous avons indiquées, du produit de nos feules provinces.

Elles

---

[47] Les morceaux de Succin opaque, qui fervent de tombeau à des Infectes, font d'une trés grande rareté. Il s'en trouve peu ou point, dans toutes les collections qui nous font connuës, & les Artiftes, qui ont le fecret d'éclaircir le Karabé opaque, dont l'ufage eft le plus fréquent, nous affurent, qu'il ne leur arive prefque jamais d'y découvrir quelques animaux.

[48] Tel eft un beau morceau de Karabé transparent, dans le quel la Nature a enchaffé un peu de Succin opaque, qu'on diftingue trés bien aux deux bouts de

la

TROISIEME GALERIE D'ANIMAUX.

Elles nous en fourniffent méme une efpéce toute particuliére, & qu'on pourroit nommer unique, par raport à fa grande reffemblance, avec l'Ambre gris moucheté de jaune, qu'on apelle aufli du Karabé Oriental. Cette circonftance finguliére, jointe à d'autres raifons, que les Naturaliftes devineront fans peine, nous ont engagés à placer un RECUEIL D'AMBRE GRIS immédiatement aprés la belle collection de Karabé ou d'Ambre jaune.

Nous arivons enfin à la derniére de nos Galeries, qui renferme un riche

Depot de Quadrupédes.

L'on a vû ci-deffus, *pag. 42.* par quels motifs nous avons été obligés, de démembrer la collection de Quadrupédes, & d'en loger ici la plus grande partie.

Ce depot juftifie ce que nous avons avancé au méme endroit, que l'on reconnoiffoit dans le choix & dans l'immenfité du recueil de Quadrupédes, un caractére de richeffe & de magnificence, qu'on ne trouve que dans les entreprifes d'un grand Prince.

Elle eft longue de quatrevingt-quinze aunes, & traverfée dans toute fon étendue de trois rangs de *Quadrupédes velus*, dont la plupart font flanqués de leurs propres *fquelettes*. ([49])

On a eu foin de féparer les bétes féroces & carnaciéres, des Animaux domeftiques & de ceux qui fe laiffent facilement aprivoifer; nous debutons par les premiéres.

A a Nous

la maffe. Nous poffédons aufli un morceau de Karabé opaque, dans le quel on voit briller du Karabé diaphane.

([49]) Tous ces animaux font empaillés, & la plus grande partie en a vécu quelque tems dans la ménagerie du ROI.

TROISIEME GALERIE D'ANIMAUX.

Nous suivons ici le même plan, que nous avons adopté dans le reste de cet ouvrage: de ne point descendre dans les soudivisions des êtres, de renvoïer les détails systématiques à une défcription plus complette de ces Galeries, & de ne citer enfin que les objets les plus rares & les plus singuliers.

Les diferentes familles de la race des Chats se préfentent à l'entrée de la Galerie. L'on y trouve entre autres le Tigre, dont parle *Mr. Klein* dans sa *Difpofitio quadrupēdum p. 79.* & qui s'eft rendu fameux par un combat avec le garde de la ménagerie.

L'on y a joint une véritable Panthére, en faveur de l'extrême ressemblance que ces animaux ont avec les Tigres, qui cependant n'eft pas abfolument telle, qu'on ne puisse trés bien diftinguer les deux espéces.

Plus loin on remarque un trés beau Chat-tigre de Surinam. Sa taille est le double de celle d'un vieux Chat fauvage, & la ftructure de ses membres eft à peu de chofe prés la même. Son poil eft roux & tacheté de noir. Ces taches n'ont rien d'aprochant du bariolage des Tigres: celles qui coulent le long des jambes reffemblent aux taches de la Panthére, & les mouchetures du corps imitent celles du Léopard; (5º) excepté que les taches de notre Chat-tigre ne décrivent point de cercles à l'entour du corps de l'animal, comme celles du Léopard, mais qu'elles le traverfent dans toute fa longueur, depuis la tête jusqu'à la naiffance de la queüe.

Nous

(5º) Les plus excellents Naturaliftes, qui parlent des animaux étrangers, ne les dépeignent le plus fouvent, que d'aprés des Auteurs peu exactes, faute de pouvoir le faire d'aprés nature. Ainfi l'on auroit tort de les blamer de ce qu'ils confondent d'ordinaire des animaux d'espéce trés diferente, & fur tout les Léopards avec les Panthéres. Le Cabinet d'Hiftoire Naturelle du ROI nous

met

TROISIEME GALERIE D'ANIMAUX.

Nous fommes entrés dans ce détail par un double motif. L'un n'avoit en vuë que la fatisfaction des Curieux, qui conviennent unanimement, que c'eft là l'unique animal de cette efpéce qu'ils aient jamais vu : nous avons été bien aife d'un autre coté, de fupléer à ce qu'il y a de défectueux dans la défcription du Chat-tigre, qu'on trouve au *3. Vol. de l'Hiftoire générale des Voiages Liv. VII. Chap. XVI. pag. 285.* & de vérifier en méme tems fi l'animal, dont nous parlons ici, n'eft pas le fameux Chatpard. Nous avourons au refte, que la figure du Chat-tigre, qui fait face au texte que nous venons d'alléguer, s'accorde au mieux avec l'original que nous poffédons.

La Civette Afriquaine qui eft repréfentée au même endroit, fe reconnoit pareillement dans une Civette empaillée du Cabinet du ROI, excepté que la téte de la notre n'eft pas tout à fait fi pointuë. Cette reffemblance donne lieu de foupçonner, que la Civette du Cabinet du ROI pourroit bien être originaire des Côtes de la Guinée.

Nous y joignons un Linx, ou Loup cervier de race Afriquaine, dont le corps eft bariolé de taches noires, qui imitent celles de la Panthére, & le diftinguent de tous les autres animaux de fon efpéce.

Suivent plufieurs Lions & quelques Lionnes, qui nous fourniffent matiére à deux obfervations trés finguliéres.

met en état d'éviter ces erreurs trop communes. Il nous préfente entre autres deux vrais Léopards, qui prouvent avec la derniére évidence, que leur famille diféte effentiellement de la famille des Panthéres. Nous croïons obliger tous les Naturaliftes, en leur donnant une défcription abrégée, de la figure des Léopards & des caractéres fpécifiques qui les font diftinguer de la Panthére. Les Léopards font infiniment plus grands que le Tigre & que la Panthére. La Nature a doué leurs corps d'une force étonnante : & ils font couverts d'un poil roux, traverfé, ou cerclé de rayes noires. Les Panthéres au contraire portent fur leur poil roux des taches noires, de la grandeur à peu prés d'un Ducat, qui les diftinguent à leur tour de la famille des Tigres. Ces derniers font trop connus, pourqu'il foit à craindre qu'on puiffe ne les pas reconnoitre à la premiére vuë.

96 TROISIEME GALERIE D'ANIMAUX.

La premiére concerne une Lionne, qui porte à l'entour du col une belle criniére femblable à celles, que la Nature ne donne ordinairement qu'aux feuls males de ces animaux. (⁵¹) L'objet de la feconde remarque, que nous avons à faire, c'eft un Lion, dont l'épaiffe criniére eft chargée de trois *Plica*.

Le *Ichachal*, ou *Jakal*, qu'on prétend être le compagnon perpetuel du Lion & lui fervir de limier, le fuit auffi dans cette Galerie & nous conduit aux familles des Chiens.

Nous découvrons au milieu de la Galerie, plufieurs Dogues de l'efpéce de ceux, que les anciens Brétons menoient avec eux à la guerre : & des Auteurs trés dignes de foi affurent, que ces animaux y faifoient plus de carnage, qu'on n'auroit pu atendre d'un nombre fuperieur de foldats les plus intrépidés. Nous avons vu à Dresde méme des preuves étonnantes de la force, & de l'acharnement prodigieux de ces Dogues contre leurs ennemis. L'un entre autres, qu'on trouve aujourd'hui prés des croifées de cette Galerie, ataqua feul dans un combat de bêtes féroces, l'Ours le plus formidable de notre Cabinet, & le jetta par terre, aprés l'avoir long tems areté & tenu comme immobile.

Suit le refte de la famille des Ours, où il s'en trouve un de tout blanc : & plus loin la race des Loups, parmi lesquels fe diftingue un Loup noir, & un autre de race Afriquaine, qui eft tout couvert de bandes de la méme couleur.

Nous avons flanqué ces animaux carniciers de deux Goulus. L'un, qu'on a pris prés de *Frauenftein* en Saxe, eft couvert d'un poil rouffatre & tirant fur le blanc: l'autre a été amené de Sibérie par une perfonne de la première diftinction. Il eft d'un brun-obfcur, & juftifioit fi bien le nom qu'il portoit, que quoique dévorant par jour treize livres de chair,

il

(⁵¹) Cette Lionne a été vuë plufieurs années de fuite dans la ménagerie de Dresde, & n'y eft morte que depuis peu. De forte que nous pouvons produire quantité de témoins irreprochables, pour conftater la vérité de ce fait, & nous laver du foupçon d'avoir prété les mains à quelque artifice d'empailleurs.

TROISIEME GALERIE D'ANIMAUX.

il étoit toujours également affamé; enfin il s'étrangla lui méme à la chaine où on l'avoit ataché. *Mr. Klein* a fait graver dans fa *Difpofitio quadrupedum* la figure de cet animal fingulier : ainfi que celle d'un *Tamandua Gvacu*, que nous avons acheté d'un Hollandois. C'eft ici que finit la fuite des grandes efpéces de Quadrupédes, dont le pied fe partage en cinq doigts: les autres familles qui apartiennent encore à cette claffe, font d'une moindre taille. Nous y remarquons les Marmotes, qui dorment huit ou neuf mois de fuite: les Furets, qu'on dreffe à la chaffe des lapins: le fameux Ichneumon, ou Rat d'Egypte qui tue les crocodiles: une Genette: une Marte blanche d'Afrique: une Belette des Indes, & un Lievre noir &c.

Ce feroit abufer de la patience de nos Lecteurs, & nous écarter abfolument de notre route, que de nous aréter plus long tems à la défcription de ces petits animaux, & du refte de Quadrupédes, dont les pieds fe terminent en doigts, ou en griffes.

Nous paffons aux efpéces les plus remarquables de Quadrupédes au pied fourché, & au pied rond ou continu.

Un fuperbe Cheval Ifabelle, dont le Duc de Saxe-Zeitz a fait préfent au feu ROI, fe diftingue parmi les derniers. Sa quëue eft longue de douze aunes & demie, la criniére en tient fix, & le toupet a deux aunes & trois quarts. Le Zébra, ou l'Ane fauvage mérite d'étre nommé en fecond : foit à caufe de la beauté finguliére des rayes noires qui lui cerclent tout le corps, ou par raport au prix immenfe, que nos Ancétres ont été dans l'ufage d'en païer.

Les Quadrupédes au pied fourché fe partagent en deux claffes: la premiére comprend les familles, dont le chef n'eft point armé de cornes: les familles cornuës compofent la feconde claffe.

Nous n'appellerons de ceux là que le feul *Tajacu*, ou Cochon du Méxique, qui a un évent fur les reins, comme un nombril.

TROISIEME GALERIE D'ANIMAUX.

Les *Quadrupédes cornus* font placés tout au fond de la Galerie, & ferment pour ainfi dire, la marche de toutes les productions de la Nature. Nous y rencontrons plufieurs efpéces d'animaux trés diftingués par leur rareté: tel eft fans contredit le *Suhac* de Scythie. *Mr. Steller* a dreffé fur diferents mémoires, une défcription détaillée d'un Suhac prétendu; [12] mais qui ne paroit point étre le Suhac de Scythie. La peinture que le celébre *Pere Rzaczynski* a faite de cet animal, [13] s'acorde d'autant mieux, dans tous fes traits, avec celui que nous poffédons.

Tout prés du Suhac l'on voit deux animaux encore plus rares, que nous avons reçus l'un fous le nom de Brebis de Babylone, & l'autre fous celui de Bouc émiffaire des Juifs. Ils font acompagnés d'une Gazelle, d'un Muflon & d'un petit Bouc des Indes. Nous paffons fous filence les Chamois, les Daims & d'autres Quadrupédes auffi communs, & finiffons la défcription de cette Galerie par cinq Biches d'une grande fingularité. Les deux premiéres font armées de petites cornes: deux autres ont le poil tout blanc: & la derniére eft mouchetée de taches blanches.

Nous aprochons enfin du terme de notre cariére. Le plan que nous avons anoncé dès l'entrée de cet ouvrage, ne promettoit à nos Lecteurs qu'UNE ESPECE DE REPERTOIRE, QUI PUT LEUR SERVIR DE GUIDE DANS NOS GALERIES: & nous nous flattons d'avoir fatisfait à notre engagement.

Le peu de remarques dont nous avons parfemé nos feuilles, outre quelles naiffoient du fujet méme, nous ont parués indispenfables pour diftinguer cet ouvrage d'un catalogue nud & fterile.

Il

---

[12] Voyés les *Nouveaux Mémoires de l'Academie de Petersb. Tom. II.*
[13] Dans fon *Hiftor. naturalis curiofa Regni Polon. Tom. I. & II.*

MODELE DU TEMPLE DE SALOMON.

Il ne nous reste plus que de tracer une esquisse légére de deux Chef-d'oeuvres de l'art, que l'on montre aux Curieux à la suite des merveilles de la Nature. Ce sont

Les fameux Modéles du Temple de Salomon & du Tabernacle Judaïque.

Nous les devons tous deux à un savant Sénateur de Hambourg, nommé *Mr. Schott*, qui les a estimés 50000 écus d'Allemagne. C'est assés en faire l'éloge, que de dire, que le Czar Pierre le Grand n'a pu assés admirer le Modéle du Temple, qu'il a eu la constance d'en mesurer lui méme toutes les dimensions, & que le méme Modéle a remporté à Londres les suffrages d'un monde de Connoisseurs. (54)

Tout s'y raporte exactement aux déscriptions que la Bible, le Talmud, & les plus savants Rabins &c. ont faites du Temple de Salomon: & l'on ne s'est décidé sur aucune partie, qu'aprés avoir consulté les meilleurs Antiquaires & les Architectes les plus habiles.

Tant de soins & une attention si scrupuleuse ont fait trainer nécessairement l'exécution de cet ouvrage: de maniére qu'il n'est parvenu à sa perfection qu'aprés douze années d'un travail assidu & continuel.

L'on y compte six mille sept cens trente six colonnes, avec des bases & des chapiteaux moulés & sculpés : & à peu prés autant de croisées, couvertes d'un treillage de fil d'archal. Les ornements en sculpture y sont sans nombre & représentent des Palmiers, des Chérubins & d'autres figures assorties au sujet.

---

(54) L'on en a publié dans cette ville une déscription enrichie de figures, sous le titre de *The Temple of Salomon with all its Porches, Walls, Gates, Halls, Chambres &c.*

MODELE DU TEMPLE DE SALOMON.

L'on a eu l'atention de faire un double Modéle de l'aile du Temple, qui étoit deftinée au logement des Prétres, ainfi que du Saint lieu & du Sanctuaire, ou du lieu trés faint. Ces parties feparées, font toutes compofées, de méme que le Modéle principal, de piéces de raport, qui s'emboitent fort jufte : & qu'on peut démonter fans peine, pour faire voir la coupe, les diftributions & la ftructure intérieure de ce fuperbe édifice.

L'on a pratiqué dans les encoignures des efcaliers en limace : & il eft aifé d'en compter toutes les marches, quand on y fait defcendre de petites bales.

Enfin, l'on a pouffé l'exactitude jufqu'à n'employer partout, que les mémes fortes de bois, qui font entrées dans la conftruction du Temple.

Les Modéles particuliers du Saint lieu & du Sanctuaire, en retracent toute la pompe & les richeffes. L'intérieur de l'un & de l'autre eft revétu dans fon pourtour, de lames de vermeil, & incrufté de pierres précieufes. L'Arche d'alliance, les Chérubins, l'Autel des parfums, la Table des pains de propofition, le Chandelier à fept branches, & généralement tout ce qui fe trouvoit dans le Saint lieu & dans le Sanctuaire, eft repréfenté en vermeil ; fans oublier les Colonnes *Jachin* & *Boas*, la Cuve d'airain & le Rational, garni de douze pierres précieufes.

Nous ne dirons qu'un mot du *Modéle du Tabernacle*. L'on y trouve tous les inftruments du culte Judaïque, jufqu'aux pots & aux pelles : & quantité de petites ftatues, fculpées en bois d'olivier, qui repréfentent les Sacrificateurs & les Lévites ocupés aux fonctions du Parois & du Sanctuaire.

Nous finiffons par ces traits la défcription abrégée des Modéles du Temple de Salomon & du Tabernacle Judaïque.

Il n'eft pas à craindre que l'on nous reproche, d'être paffé trop légérement fur ces Chef-d'oeuvres de l'Art.

Cette

MODELE DU TEMPLE DE SALOMON.

Cette qualité même de productions humaines, sembloit les exclure en quelque manière, du plan de notre ouvrage : & en effet nous n'en eussions point parlé, s'ils ne terminoient pas le brillant spectacle des Galeries, dont le soin nous a été confié.

Nous n'avons encore point vu de Curieux, qui n'eussent été frappés d'une représentation aussi exacte de l'ouvrage le plus parfait, que le génie & le travail des hommes eussent jamais produit. Quels sentiments ne nous inspireront pas à plus juste titre, toutes les merveilles de la Nature, qu'on a acumulées dans nos Galeries, & qui ont ocupé jusqu'ici notre craïon? Quelle surprise, quel étonnement délicieux ne doivent pas nous causer ces ouvrages de la Toute-puissance ? qui surpassent autant les efforts des foibles humains, que les beautés de nos Modéles tant admirés, sont au dessous de la magnificence & de la somtuosité de leurs originaux.

Le tems & un enchainement de circonstances nous fourniront peut-être les moïens d'exécuter le projet, que nous avons formé; de publier successivement des déscriptions étendues de chacune de nos collections.

Nous convaincrons alors nos Lecteurs, que nous n'avons pas besoin de recourir à des ornements étrangers, pour relever l'éclat & le brillant de nos immenses recueils; nous serons encore moins obligés d'entasser des dissertations recherchées, pour grossir les volumes, qui ne sufiront qu'avec peine au détail des richesses & des acroissements continuels du Cabinet de SA MAJESTE.

ERRATA.

Des évenements imprévus nous aïant obligés de précipiter l'impression de cet ouvrage, il ne nous a pas été possible de corriger toutes les fautes, qu'un compositeur maladroit y avoit répandues. Nous en remarquons ici les plus essentielles : quant aux autres, & sur tout à une foule d'accents deplacés, ou superflus, dont l'imprimeur a herissé les mots, ce seroit faire injure au discernement du Lecteur que de les relever.

Pag. 8. lig. 20. lis. Lucerne.
Pag. 10. lig. 1. lis. entrainés.
Ibid. lig. 12. lis. Nous en possédons &c.
Ibid. lig. 14. lis. germé.
Pag. 11. lig. 23. lis. entrelacés.
—— lig. 25. lis. doré.
Pag. 12. lig. 5. & 28. lis. obligés.
Pag. 13. lig. 9. lis. doré.
—— lig. dern. lis. passés.
Pag. 23. lig. 25. lis. mitoïen.
Pag. 31. lig. 21. lis. duquel.
Pag. 33. lig. penult. lis. duquel.
Pag. 38. lig. 13. lis. à un ouvrage.
Pag. 40. lig. 14. lis garnis.
Pag. 41. lig. dern. lis. queües.
Pag. 42. lig. 9. lis. fusi.
Pag. 50. lig. 16. lis. de ce beau.
Pag. 52. lig. 23. lis. s'emboitent.
Pag. 54. lig. 18. lis. coudrier.
Pag. 57. lig. 18. lis. qu'elles.

Pag. 71. lig. 6. lis. & relevée.
Pag. 74. lig. 14. lis. petits.
Ibid. lig. 21. lis. embarasse.
Pag. 79. lig 18. lis. un.
Pag. 81. lig. 15. lis travaillés.
Ibid. lig. 16. lis. & dont.
Pag. 82. lig. 20. lis. hauteur de deux pieds.
Pag. 83. lig. 19. lis. extremités.
Pag. 84. lig. 13. à voir leurs &c.
Pag. 87. lig. 16. lis. sous.
Pag. 88. lig. 10. lis. se peut &c.
Ibid. lig. 12. lis. aproche.
Pag. 89. lig. 22. lis. dans des goutes.
Pag. 90. lig. 14. lis. de la mine &c.
Ibid. lig. 22. lis. desquels.
—— lig. 27. lis. un globule.
Pag. 93. lig. 18. effacés : Elle est longue, & lis. Cette derniére Galerie est longue.
Pag. 95. lig. 1. lis. entré.
Pag. 96. lig. 23. lis. carnaciers.

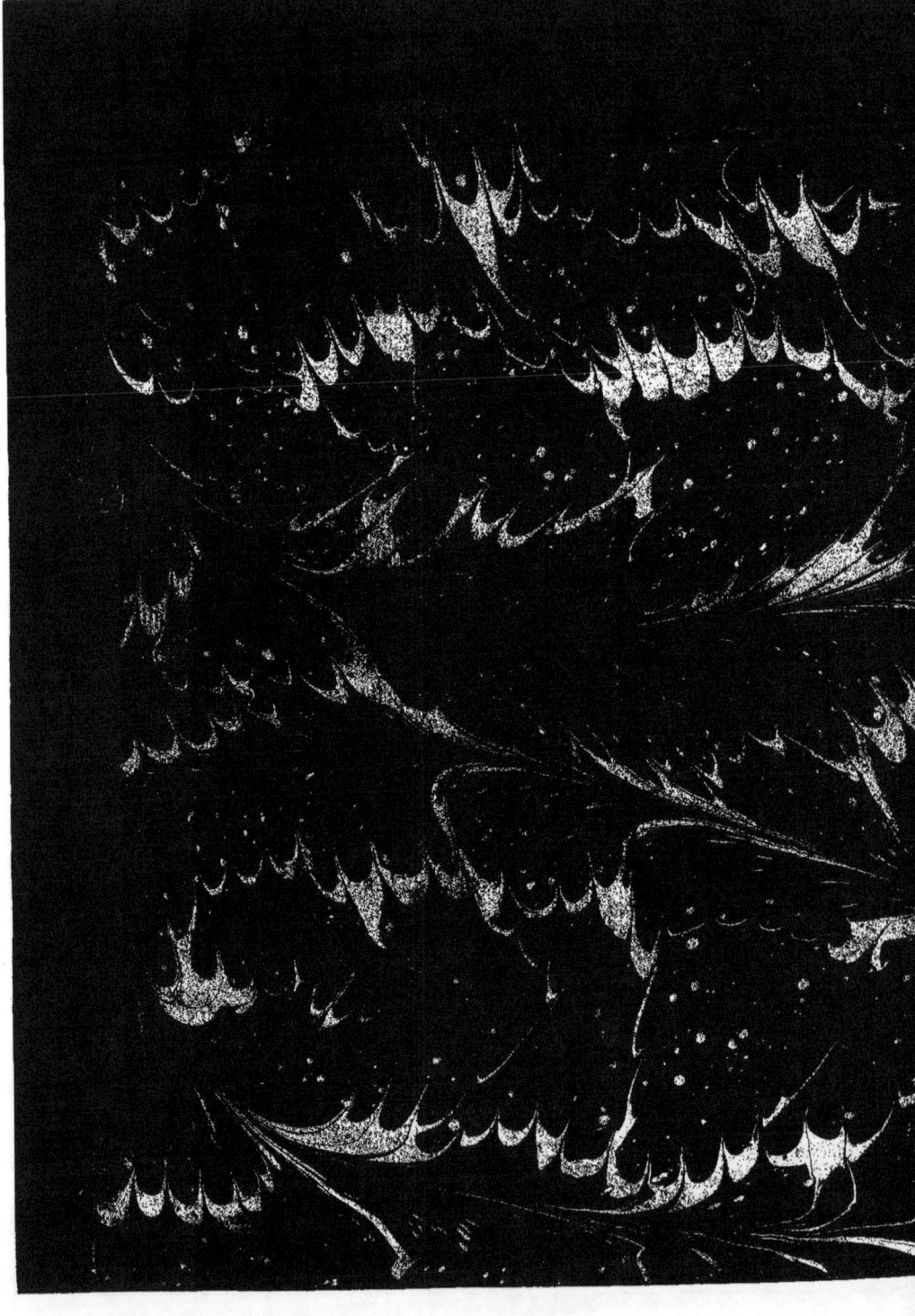

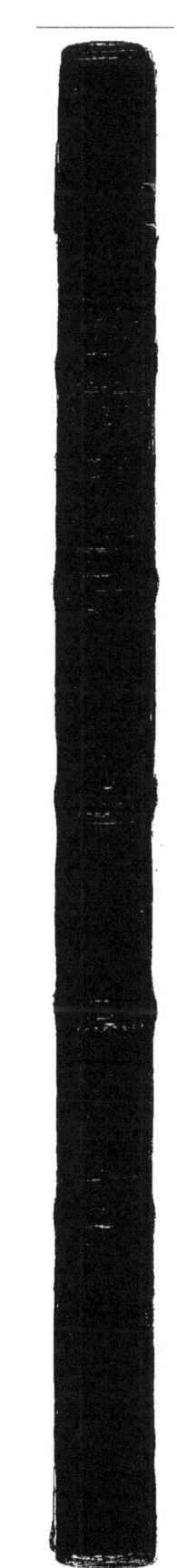

www.ingramcontent.com/pod-product-compliance
Lightning Source LLC
Chambersburg PA
CBHW070511100426
42743CB00010B/1805